¿A QUIÉN ADORAN LOS CRISTIANOS?

HISTORIA Y TEOLOGÍA DE LA TRINIDAD EN EL CULTO CRISTIANO

José Daniel Espinosa Contreras

PUBLICACIONES
KERIGMA

Ἐν ἀρχῇ ἦν ὁ Λόγος

¿A QUIÉN ADORAN LOS CRISTIANOS?

HISTORIA Y TEOLOGÍA DE LA TRINIDAD EN EL CULTO CRISTIANO

José Daniel Espinosa Contreras

PUBLICACIONES
KERIGMA

Ἐν ἀρχῇ ἦν ὁ Λόγος

2

© 2017 Publicaciones Kerigma / A QUIÉN ADORAN LOS CRISTIANOS: HISTORIA Y TEOLOGÍA DE LA TRINIDAD EN EL CULTO CRISTIANO

José Daniel Espinosa Contreras

© 2017 Publicaciones Kerigma
Salem Oregón, Estados Unidos

www. publicacioneskerigma.org

Diseño de Portada:

Imagen de Portada:

2017 Publicaciones Kerigma

Salem Oregón

All rights reserved

ISBN: 978-0-9979958-8-6

© 2017 Publicaciones Kerigma

Primera Edición 1500 ejemplares

«No existe tal cosa como una adoración verdadera que se base en la ignorancia, o en lo que se desconoce».

Mayfield y Earle

«Nuestra vida es la confusa respuesta a preguntas que hemos olvidado dónde fueron planteadas».

Peter Sloterdijk

Dedicatoria:

A Dios, Padre de nuestro Señor Jesucristo, a quien deseo con este trabajo dar toda gloria. A mi amada, Natalia Carmona Giraldo, cuyo amor y oraciones diarias han motivado mi existir. A mis queridos padres, José Espinosa Bonilla y Mª Carmen Contreras Arroyo, porque desde el principio me apoyaron e imprimieron en mí el valor de seguir a Cristo. A mis hermanos, David e Ismael, por ser ejemplo constante de entrega y servicio a Dios y a la familia. A mi abuela, Brígida, cuya vejez sólo es el disfraz de un espíritu joven y renovado que rebosa gozo en todo momento. A mi abuelo, Antonio, que ahora disfruta de lo que nosotros aún esperamos, la redención de nuestros cuerpos. A todos los que han invertido en mí, especialmente a mi apreciado director de tesina José Manuel Díaz Yanes.

Y a ti, que tienes valor para leerme.

CONTENIDO

PRÓLOGO

Presentar la obra de un escritor exige dos cosas: informar a los lectores sobre el contenido del libro y decirles quién es el que lo firma.

El libro que presentamos es una obra procedente de una memoria de fin de curso realizada por el autor para la obtención del *Grado en Teología* en la Facultad de Teología Asambleas de Dios con sede en La Carlota (Córdoba). El trabajo que este libro contiene es investigación diversa, en la que el autor aporta su punto de vista interpretativo acerca de la historia y el desarrollo de la adoración en el culto cristiano.

Como el mismo autor lo dice, «el fin de esta investigación es el de descubrir cómo debiera ser la correcta teoría y praxis de la dimensión trinitaria del culto cristiano y abogar por ellas. Pues una adoración basada en la ignorancia, no es en absoluto adoración. Por consiguiente, nuestro culto a Dios debe hacerse como él lo ha revelado y, no, como nosotros queramos o entendamos». La tarea de investigación aquí ha sido extraordinaria; me consta la ardua labor realizada y las muchas horas dedicadas por el autor a la atenta lectura de tantos libros. No poco mérito tiene el haber contrastado tantas y tan diversas opiniones. Pienso que a José Daniel Espinosa Contreras le ha salido una pieza maestra de erudición y que ahora pone en las manos de los estudiosos de estos temas.

El autor divide su obra en cuatro partes: en la primera parte desarrolla el tema de Dios el Padre como foco central del culto cristiano. En la segunda parte explica cómo debe ser el culto dirigido a Cristo. En la tercera parte contesta la pregunta: ¿se le debe rendir culto al Espíritu Santo? Por último termina su libro exponiendo varias referencias prácticas.

En toda esta obra el autor manifiesta una gran preocupación a causa de las diferencias existentes entre la práctica del culto cristiano en la iglesia primitiva y la práctica en las iglesias contemporáneas; probado a lo largo de sus reflexiones histórico-teológicas que mediante los dogmas trinitario se racionalizó el culto cristiano que formulaba una praxis y una terminología que estaba lejos de hacer justicia con los escritos neotestamentarios. Se ha visto a través de los siglos en toda la historia del cristianismo que en la liturgia cristiana se le ha dado culto indistintamente al Padre, como al Hijo, como al Espíritu Santo. Pero, ¿cuál fue la praxis de la iglesia primitiva? Los primeros cristianos no dieron culto a Jesús ni al Espíritu Santo, sino a Dios Padre mediante Jesús en el Espíritu Santo. Convencidos como estaban de que en Jesús se había abierto una puerta definitiva y nueva en la relación recíproca entre el Padre y los seres humanos, los títulos divinos que se atribuyen a Jesús tienen una función paradójica: al tiempo que revelan su identidad, impiden a los cristianos disponer a su antojo del misterio insondable y abismal del Dios-Padre en él revelado. Jesús no abre totalmente el misterio, pero tampoco lo encierra, más bien, lo entreabre. Cristo es el centinela del ser de Dios-Padre y del ser del ser humano: esta es, pues, la hipótesis defendida en esta obra.

José Daniel, el autor de este libro, es un joven teólogo formado en la Facultad de Teología de las Asambleas de Dios en España. Sus monografías y su participación en las redes sociales sobre temas teológicos son ya muy conocidas por los que gustan de estos temas. Este trabajo, que fue presentado como una memoria o tesina de fin de grado, en el que me cupo la satisfacción de dirigirla, obtuvo una calificación de matrícula de honor.

11

Ojalá que este libro que presento, sirva a muchos para aclararles algunas dudas y conceptos acerca del culto cristiano, así como en afianzarles en los estudios de la Sagrada Escritura.

Santa Cruz de Tenerife, febrero de 2017

Dr. José Manuel Díaz Yanes

Rector del Centro Superior de Teología CEIBI

INTRODUCCIÓN

El deseo de llevar a cabo esta investigación nació mediante la comparación de la praxis cúltica de la iglesia primitiva con la praxis cúltica contemporánea. Me percaté que existía una diferencia abismal entre ellas. Se suscitaron en mí una serie de interrogantes: ¿Es legítimo adorar indistintamente al Padre, al Hijo y al Espíritu Santo? ¿Por qué Jesús siempre dirigía su adoración al Padre?[1] ¿Por qué nos enseñó Jesús a dirigir nuestras oraciones y adoración al Padre?[2] ¿Fue Jesús objeto de culto en la iglesia primitiva? Y si lo fue, ¿tenía la misma preeminencia que el Padre? ¿Dio la iglesia primitiva adoración o dirigió al Espíritu Santo alguna oración? ¿Qué implicaciones tendría una distorsión en el objeto de culto?

En la actualidad, la liturgia cristiana se caracteriza por una devoción dirigida indistintamente al Padre, al Hijo o al Espíritu Santo.[3] Esto se debe, seguramente, a la tan elaborada y heredada doctrina trinitaria. Se asume que esto es correcto, simplemente, porque es la herencia de la tradición

---

[1] Mt. 4:10; Lc. 4:8. La versión bíblica utilizada para las referencias de este estudio será la Biblia Textual, por ser la traducción castellana más próxima al texto original. En caso contrario, se especificará.

[2] Mt. 6:9; Lc. 11:2; Jn. 4:23-24.

[3] Es más que evidente que en el cristianismo actual, por regla general, sufre de una grave distorsión cúltica. En el culto cristiano contemporáneo, con todo lo que ello implica —oración, adoración, alabanzas, etcétera—, no se dilucida o traza con precisión quién sea el objeto de culto. Las oraciones, alabanzas y adoración se dirigen indistintamente al Padre, al Hijo y al Espíritu Santo. Especialmente notables son las oraciones dirigidas al Espíritu Santo en el ambiente pentecostal, así como la adoración al mismo. Los términos «Padre», «Hijo» y «Espíritu Santo» son intercambiables en cualquier ámbito del culto. Sin embargo, no fue así en la iglesia primitiva ni en épocas posteriores.

cristiana que nos ha llegado, lo que se ha enseñado por siglos. Pero se olvida que esta postura puede conducir al fideísmo y, por consiguiente, al error y al sectarismo. No cabe duda que este fideísmo, ciego e infundado, es contrario al espíritu de todo amante de la verdad.

Quizás haya llegado el momento oportuno de emprender un fascinante análisis crítico —histórico y teológico— acerca de nuestra propia creencia y praxis cristiana.

Sin duda sea el momento de retomar las antiguas prácticas de la iglesia de antaño, que «examinaban cada día las Escrituras para ver si estas cosas eran así».[4]

Al hacerlo, nos enfrentaremos con grandes riesgos —especialmente descubrir nuestra propia ignorancia en algunos aspectos—. Pero, quien de veras ame la Verdad, no debe temer conocerla. De hecho, a lo largo de la investigación, trataremos de ser imparciales y objetivos, aunque no por ello debemos de hacer una renuncia a la fe.

Desearíamos aclarar que el fin de esta investigación no es alzar bandera en favor del binitarismo, subordinacionismo cristológico o pneumático, del unitarismo, ni de cualquier otra corriente teológica que devalúe el dogma de la Trinidad —que aceptamos como doctrina de fe, aunque preferimos atenernos al lenguaje neotestamentario—.

Profundizaremos en la dimensión trinitaria del culto cristiano. Nos enriqueceremos con el pensamiento de múltiples eruditos modernos e interactuaremos críticamente con ellos. Constataremos que Dios Padre siempre fue el principal objeto de culto de la época apostólica. En cuanto a Jesús, un gran número de críticos-históricos opinan que nunca fue objeto de culto en la iglesia primitiva, y si lo fue, éste tuvo lugar por la

---

[4] Hch. 17:11.

influencia del politeísmo e idolatría gentil. Por el contrario, trataremos de demostrar que «el Resucitado» sí fue objeto de culto en la primitiva liturgia en la naciente iglesia, y que, además, se daba en un contexto judeo-cristiano temprano. No obstante, éste nunca sustituyó la preeminencia del Padre, y cuando la adoración iba dirigida al Hijo, tenía como fin último glorificar a Dios Padre.[5]

Estudiaremos los orígenes del culto al Espíritu Santo, tratando de averiguar si la iglesia primitiva manifestaba algún tipo de devoción a la tercera Persona de la Trinidad o si, por el contrario, ésta fue la lógica consecuencia de las posteriores Confesiones y Credos que se desarrollaron en medio de los grandes conflictos trinitarios.

El fin de esta investigación será descubrir cómo debiera ser la correcta teoría y praxis de la dimensión trinitaria del culto cristiano y abogar por ellas. Pues una adoración basada en la ignorancia, no es en absoluto adoración.[6] Por consiguiente, nuestro culto a Dios debe hacerse como él lo ha revelado y, no, como nosotros queramos o entendamos.

Es muy cierta la aseveración de MacArthur cuando dice: «Mucha gente cree que Dios aceptará cualquier cosa por adoradores bien intencionados. Está claro, sin embargo, que la sinceridad no es la prueba de la verdadera adoración. La adoración de estilo personal o aberrante es completamente inaceptable para Dios».[7]

Al analizar la dimensión trinitaria del culto cristiano, dividiremos la investigación en tres puntos principales, los

---

[5] Fil. 2:9-11.

[6] H. MAYFIELD, Joseph y EARLE, Ralph. *Comentario bíblico Beacon. Tomo VII.* Kansas City: Casa Nazarena de Publicaciones, 1965, p. 76.

[7] MACARTHUR, John. *El ministerio pastoral.* Barcelona: Editorial CLIE, 2005, p. 289.

cuales se centrarán en la figura del Padre, del Hijo y del Espíritu Santo. Esto nos ayudará a entender con más claridad la evolución y los cambios realizados en la praxis cúltica del *judaísmo* —del que posteriormente emanará el cristianismo—; del *primitivo cristianismo* —tanto judeo-cristiano, como gentil—; y del *cristianismo contemporáneo*.

Para finalizar, aportaremos una serie de aplicaciones prácticas para la iglesia actual; pues nuestro objetivo no es solamente repensar la perspectiva litúrgica novotestamentaria, proporcionando una reflexión crítica —teológica e histórica—, sino provocar e incitar al lector —y al cristianismo en general— a un cambio de actitud; a un compromiso con la liturgia que sea más acorde con la revelación neotestamentaria; a recuperar la verdadera profundidad, valor y transcendencia, de un culto basado en un correcto entendimiento de la dimensión trinitaria en el mismo.

PARTE I

DIOS PADRE COMO FOCO CENTRAL DEL CULTO CRISTIANO

Como herederos de una tradición trinitaria —mayormente latina—, cada vez que leemos el Nuevo Testamento y nos encontramos con el término θεοῦ (*theos*), automáticamente pensamos en las tres Personas de la Trinidad.[8] Empero, y como ya ha sido demostrado por Karl Rahner, mayoritariamente, el vocablo es usado en referencia al Padre.[9] Lo cierto es que las expresiones *Dios* y *Padre* se usan en numerosas ocasiones de forma yuxtapuesta (Filipenses 2:11; Efesios 6:23; Colosenses 3:17; 1 Tesalonicenses 1:1; 1 Pedro 1:2; 2 Pedro 1:17; 2 Juan 1:3; Judas 1:1) o unidos por un nexo (Romanos 15:6; 1 Corintios 15:24; Gálatas 1:4; Santiago 3:9; 1 Pedro 1:3; etcétera).

Sin menoscabo de la unidad del Padre, Hijo y Espíritu Santo, debemos reconocer que el concepto griego sí que hace una clara distinción a la hora de mencionar a las tres Perso-

---

[8] Este concepto surge, según Pikaza, por la antigua influencia modalista de occidente y la necesidad de superar un arrianismo que subordinaba ontológicamente a la Segunda y Tercera Persona de la Trinidad al Padre. Por ello, según esta cosmovisión, cuando se hace mención de *theos* no se refiere únicamente al Padre, sino a la divinidad como unidad trinitaria (Cf. PIKAZA, Xabier. *Dios como espíritu y persona. Razón humana y misterio trinitario*. Salamanca: Secretariado Trinitario, 1989, p. 93).

[9] RAHNER, KARL. *Escritos de teología I*. Madrid: Taurus Ediciones, 1967, pp. 93-166.

nas divinas.[10] Esto no debe llevarnos al error que comete Küng, al rechazar absolutamente la unidad de estas tres *magnitudes*.[11]

No obstante, puede servirnos la referencia hecha por Esteban durante su martirio, que nos hará entender la relación entre el Padre, el Hijo y el Espíritu Santo.[12] En el libro de Hechos se nos dice: «Pero él, lleno del Espíritu Santo, fijos los ojos en el cielo, vio la gloria de Dios, y a Jesús en pie a la diestra de Dios, y dijo: ¡He aquí, veo los cielos abiertos y al Hijo del Hombre en pie a la diestra de Dios!».[13] Nótese que se hace una clara distinción de Personas. El Padre es llamado θεοῦ, el Hijo es denominado «υἱὸν τοῦ ἀνθρώπου», y el Espíritu aparece «en» el interior de Esteban.

Sin entrar en debate con el dogma trinitario, quisiéramos constatar que el concepto latino de la «unidad» de Dios deja muchos resquicios sin resolver,[14] y pareciera más bien el intento de salvaguardar una dogmática sin fundamento. Cuando los primeros cristianos daban culto a Dios, eran específicos en cuanto a qué Persona dirigirlo. Por ello, se hace indiscutiblemente necesario analizar, cuidadosamente, la Persona divina que fue objeto de culto de los primeros cristianos. Y puesto que el cristianismo surge en el seno de la religión judía, es menester hacer un análisis del objeto de

---

[10] *Ibíd.*, p. 164.

[11] KÜNG, Hans. *El cristianismo: esencia e historia*. Madrid: Editorial Trotta, 1997, p. 110. Véase también: KÜNG, Hans. *Credo. El símbolo de los apóstoles explicado al hombre moderno*. Madrid: Editorial Trotta, 1994, pp. 151-156.

[12] KÜNG. *El cristianismo*, p. 110.

[13] Hch. 7:55-56.

[14] La teología latina, identifica el *theos* de la Biblia, automáticamente, con las Personas divinas simultáneamente: Padre, Hijo y Espíritu Santo. El concepto es muy universal, y dista mucho de su uso neotestamentario en que hacía referencia explícitamente a la primera persona; el Padre, como posteriormente demostraremos.

culto en la misma, partiendo, como es obvio, del factor que más influirá en su praxis cúltica: el monoteísmo.

A. EL MONOTEÍSMO JUDÍO ANTERIOR AL SEGUNDO TEMPLO

Comenzamos con el monoteísmo judío debido a que la mayor parte de eruditos que actualmente estudian este tema, creen que fue éste el factor que determinó el objeto de culto de la religión judía, e influyó en la formación de la Cristología del Nuevo Testamento.[15]

Que YHWH es Uno, constituye la declaración de fe más importante del pueblo judío expresada en Deuteronomio 6:4. Sin embargo, ésta es una declaración más monolátrica[16] que monoteísta, pues no rechaza la existencia de otros dioses. Es más, en la praxis religiosa no siempre fueron firmes mono-

---

[15] Cf. BERKHOF, Luis. *Teología sistemática*. Jenison, Míchigan: T.E.L.L., 1988, p. 362; HURTADO, Larry H. *Señor Jesucristo. La devoción a Jesús en el cristianismo primitivo*. Salamanca: Ediciones Sígueme, 2008, p. 50. Los críticos suelen hacer un análisis del monoteísmo judío llegando principalmente a dos conclusiones diferentes. Por un lado, están aquellos que consideran que el monoteísmo judaico fue radicalmente estricto, por lo que no pudo dar nunca lugar a otro tipo de culto en el que el objeto de devoción fuese YHWH (Cf. CASEY, Maurice. *From jewish prophet to gentile God: The origins and development of New Testament christology*. Cambridge: Westminster/J. Knox Press, 1991). Al otro lado, se encuentran aquellos que defienden un monoteísmo mucho menos exclusivista, en el que existían figuras mediadoras, agentes de Dios, seres exaltados, etcétera, que habrían influido a la posterior Cristología y habrían hecho de Jesús objeto de culto (Cf. HORBURY, Richard William. *Jewish messianism and the cult of Christ*. London: SCM Press, 1998).

[16] Se entiende por *monolatría* el culto que se da exclusivamente a un dios, sin descartar la posible existencia de otros dioses. El *monoteísmo*, en cambio, expresa la idea de la existencia de un único Dios, negando la posibilidad de que existan otros.

teístas.[17] A lo más, podríamos considerar que las referencias deuteronómicas al Dios Uno, son más bien una declaración de la excelsitud y magnificencia de YHWH con respecto al resto de divinidades. Esta línea de pensamiento es la que siguen Dunn y McGrath,[18] entre otros.[19]

Parece pues evidente que el antiguo pueblo de Israel estuvo rodeado de un fuerte politeísmo. De hecho, el primer mandamiento del Sinaí no tendría sentido en otro contexto.[20] Es interesante la apreciación de Gerhard Von Rad cuando dice: «Durante mucho tiempo existió en Israel un culto a Yahveh que, con relación al primer mandamiento, era ciertamente legítimo y sin embargo no era monoteísta».[21]

La mayoría de críticos tienden a mostrar un judaísmo extremadamente monoteísta, pero debieran señalar que no siempre fue así. La creencia en la existencia real de otros dioses era común, al menos, hasta el período de los reyes. Esto se hace evidente en textos como Génesis 31:30; 31:53; Éxodo 18:11; Jueces 3:6; 11:24; 1 Samuel 26:19; 2 Reyes 3:27.

---

[17] Véase 1 Re. 17-19.

[18] DUNN, James D. G. *¿Dieron culto a Jesús los primeros cristianos? Los testimonios del Nuevo Testamento*. Estella, Navarra: Editorial Verbo Divino, 2011, p. 83. Véase también al pie de página la cita nº 9 de esta misma página.

[19] Resulta interesante el análisis histórico que hace Juan Echánove, cuya conclusión es que Moisés no debe considerarse el fundador del monoteísmo judío, pues él no rechazaba la existencia de otros dioses, sino que sus escritos —a lo más—, lo describirían como monólatra, Cf. ECHÁNOVE, Juan. *Ecos del desierto. El origen histórico del monoteísmo*. Filipinas: Central Books Supply, 2008, pp. 189-191.

[20] El «Yo soy YHVH tu Dios, que te saqué de la tierra de Egipto, de la casa de esclavos. No tendrás otros dioses delante de mí» de Éx. 20:2-3, sería ilógico en un contexto ya monoteísta. Nótese que el mandamiento no niega la existencia de otros dioses.

[21] VON RAD, Gerhard. Teología en el Antiguo Testamento. I. Las tradiciones históricas de Israel. Salamanca: Ediciones Sígueme, 1993, p. 271.

Sería imposible intentar esclarecer el momento exacto en que Israel comenzó a ser más fuertemente monoteísta en su praxis y teoría religiosa. Esto se debe a que el monoteísmo, como tal, no fue jamás un tema de interés particular y específico, ni el patrón a seguir, como lo pudo ser el primer mandamiento. Acertadamente afirma Von Rad que: «Se trata pues de un proceso cognoscitivo, del que Israel no tuvo plena consciencia».[22]

Este proceso es para Dunn el desarrollo de la creencia de que YHWH era el Dios supremo, y a su vez, el que escogió y libertó a Israel haciendo, posteriormente, una alianza con él.[23]

Existe concordia en la posibilidad de que el sentimiento monoteísta estuviera más fuertemente arraigado en el tiempo post-exílico.[24] Esto puede verse claramente reflejado en el Deutero-Isaías (Cf. Isaías 45:21-22; 44:9-20).[25] Que la adoración en Israel se restringía sólo a YHWH, es incuestionable.

---

[22] *Ibíd.*, p. 271.
[23] DUNN. ¿Dieron culto...?, p. 84.
[24] Para una aclaración más extensa consúltese: WAINWRIGHT, Arthur W. *La Trinidad en el Nuevo Testamento*. Salamanca: Secretariado Trinitario, 1976, p. 27. También pueden verse las fases decisivas del monoteísmo estricto sistematizadas por H. Vorglimer en PIKAZA, Xabier y SILANES, Nereo. *Diccionario teológico. El Dios cristiano*. Salamanca: Secretariado Trinitario, 1992, pp. 937-939.
[25] Así lo considera Pannenberg (Cf. PANNENBERG, Wolfhart. *Teología sistemática. Vol. I*. Madrid: UPCO, 1992, p. 158).

B. El monoteísmo judío en el Período Romano

Para este tiempo, la fe hebrea se había desarrollado desde una simple monolatría al monoteísmo estricto.[26] No hay más que vislumbrar el pensamiento judío reflejado en los siglos que preceden a la venida de Cristo.[27] Aunque muchos críticos se empeñan en buscar una analogía entre el culto a Jesús y este monoteísmo precristiano, tal analogía no existe. En palabras de Hurtado: «... este culto al Jesús resucitado/exaltado constituye una innovación radical en la religión judía monoteísta».[28]

Así la «Semá» vuelve a recuperarse con más preponderancia en el siglo I d. C. Tal fue su importancia que se recitaba dos veces al día en la liturgia judía.[29] Rahner señala que: «Esta confesión del Dios único penetra todo el Nuevo Tes-

---

[26] *Ibíd.*, p. 74.

[27] En la versión de los LXX, en el libro de *Sabiduría 13-15* se hace una clara mención a la insensatez de la idolatría y el culto a otras criaturas. En contraposición, existe un autoelogio a Israel por su monoteísmo. También el libro de *Baruc 6* hace una clara imploración al Señor al culto monolátrico, y rechaza la idea de la existencia real de otros dioses. Los libros de *Macabeos* son un testimonio del sentimiento monoteísta arraigado en el pensamiento judío. Aunque algunos sucumbieron a la presión de los pueblos paganos, Matatías y los judíos piadosos fueron fieles monoteístas. Baste con mencionar las palabras de Matatías en I *Macabeos 2:19* «Aunque todas las naciones que forman el imperio del rey le obedezcan hasta abandonar cada uno el culto de sus padres y acaten sus órdenes, yo, mis hijos y mis hermanos nos mantendremos en la alianza de nuestros padres. El Cielo nos guarde de abandonar la Ley y los preceptos. No obedeceremos las órdenes del rey ni nos desviaremos un ápice de nuestro culto» (Versión de Jerusalén, tercera edición).

[28] HURTADO, Larry W. *¿Cómo llegó Jesús a ser Dios?* Salamanca: Ediciones Sígueme, 2013, p. 86.

[29] WAINWRIGHT. *La Trinidad*, p. 27.

tamento».[30] Hasta tal punto fue así, que incluso Jesús se esfuerza en recordarle a los escribas la importancia del primer mandamiento, «Ἄκουε, Ἰσραήλ, κύριος ὁ θεὸς ἡμῶν κύριος εἷς ἐστιν» (Marcos 12:29). Para Jesús la vida eterna consistía en conocer al único Dios verdadero, «τὸν μόνον ἀληθινὸν θεὸν» (Juan 17:3).

De hecho, podemos hablar de un Jesús monoteísta que siempre dirigía su adoración al Padre, «Ὕπαγε, Σατανᾶ· γέγραπται γάρ, Κύριον τὸν θεόν σου προσκυνήσεις καὶ αὐτῷ μόνῳ λατρεύσεις» (Mateo 4:10). Tanto es así, que Jesús interpreta Deuteronomio 6:13 en un sentido diferente. El «temerás» es interpretado como «adorarás»; y el término «servirás», como señala el *Comentario exegético* de Jamieson, Fausset y Brown:

> …nunca se usa en la Versión de los Setenta sino en el sentido de servicio religioso; y en este sentido se usa exclusivamente en el Nuevo Testamento, como en este caso. Asimismo, la palabra "solo", que no está expresada en el hebreo ni en la Versión de los Setenta, se añade aquí para presentar enfáticamente el aspecto *negativo y prohibitivo* del mandamiento.[31]

La expresión, *a Él sólo servirás*, excluye cualquier tipo de culto a otro ser.[32]

El monoteísmo se había hecho más fuerte que nunca.[33] Así Küng hace mención a Filón el Judío, coetáneo de Jesús, como

[30] RAHNER. Escritos de teología I, p. 116.
[31] JAMIESON, Roberto; FAUSSET, A. R; BROWN, David. *Comentario exegético y explicativo de la Biblia. Tomo II: El Nuevo Testamento*. El Paso, Texas: Casa Bautista de Publicaciones, 2002, pp. 23-24.
[32] CARBALLOSA, Evis L. *Mateo: La revelación de la realeza de Cristo*. Grand Rapids, Michigan: Editorial Portavoz, 2007, p. 139.
[33] Esta es también la opinión de Bauckham, quien opina que los judíos del período del Segundo Templo tenían las ideas muy claras respecto del mono-

un estricto monoteísta.[34] Tanto era así, que Hurtado considera que el peor pecado que un judío podía cometer en la época romana, era el de no mantenerse en un monoteísmo rígido.[35]

Debido a la corta extensión de este trabajo, no podemos detenernos en rebatir el pensamiento de aquellos críticos que opinan que, el judaísmo de la época romana no era estrictamente monoteísta o que, incluso, dudaban de si el término *monoteísmo* debiera usarse en este período. Sin embargo, en la extensa obra de Larry Hurtado, *Señor Jesucristo*, se exponen las debilidades de sus argumentos, y cómo éstos no pueden ser tomados en serio.

Por ello, es necesario y fundamental entender que el cristianismo no surge en otro contexto diferente. La defensa monoteísta no sólo es evidente en el contexto judeo-cristiano, sino también en el cristianismo gentil.

Tal es así, que en los primeros escritos cristianos dirigidos a las comunidades de creyentes procedentes de los gentiles, como por ejemplo la primera epístola de Pablo a la iglesia en Tesalónica —considerada por los exégetas el primer escrito del apóstol, sobre el año 50 d. C.—, aboga por una actitud de rechazo e intolerancia con las formas religiosas paganas, especialmente el politeísmo y la idolatría. Además, alaba la actitud de los conversos de Tesalónica que se convirtieron «de los ídolos a Dios, para servir al Dios vivo y verdadero».[36]

---

teísmo (Cf. BAUCKHAM, Richard. *Monoteísmo y cristología en el Nuevo Testamento*. Barcelona: Editorial CLIE, 2003, pp. 13-31.

[34] KÜNG. *El cristianismo*, p. 105.

[35] HURTADO. *Señor Jesucristo*, p. 50. Según él, adorar a otra divinidad constituiría un abandono del judaísmo de la época (Ibíd., p. 51).

[36] 1 Ts. 1:9.

Aunque la iglesia de Tesalónica bien pudiera componerse por un buen número de judíos,[37] la realidad es que este abandono de los ídolos a Dios, lógicamente, debió de darse en un contexto gentil.

Notemos también que en este servicio (δουλευειν), el θεῷ ζῶντι καὶ ἀληθινῷ es diferenciado, claramente, del Hijo; pues, seguidamente, se dice: «y aguardar de los cielos a su Hijo, al cual resucitó de entre los muertos; a Jesús, quien nos libra de la ira venidera» (1 Tesalonicenses 1:10).

De la misma forma, en la primera carta a los Corintios —escrita sobre el año 55 d. C.— encontramos advertencias contra la idolatría (6:9) y contra el sacrificio a los ídolos (8:4), topándonos, además, con una actitud radicalmente contraria al politeísmo y en defensa de un único Dios verdadero, el Padre (8:4-6), que nuevamente se diferencia del Hijo, «para nosotros, sin embargo, hay un solo Dios: el Padre, de quien proceden todas las cosas, y nosotros somos para él; y un solo Señor: Jesucristo, por medio de quien son todas las cosas, y nosotros por medio de él» (vs. 6).

Otras advertencias contra la idolatría en esta carta pueden verse en 1 Corintios 10: 7, 14, 18-21. Se ha probado que el culto a otras divinidades paganas era incompatible con el mensaje de Pablo, cuyo ministerio era dirigido a los gentiles.[38] Hurtado afirma que: «no hay indicio alguno de esa actitud tolerante para con el escenario de esa religión pagana».[39] Además, hemos colegido que la conversión de los gentiles al cristianismo, no sólo implicaba un abandono del culto a otras deidades, sino focalizar el culto, únicamente, en el Dios

---

[37] Hch. 17:1-5.
[38] Hch. 9:15.
[39] HURTADO. ¿Cómo llegó Jesús…?, p. 78.

vivo y verdadero, que es identificado con el Padre de Jesucristo.[40]

C. EL ΘΕΌΣ NEOTESTAMENTARIO

Aportamos este punto, porque es esencial conocer el lenguaje novotestamentario, y cómo éste dista mucho de la jerga cristiana actual. La semántica de la lingüística primitiva debe distinguirse de nuestro argot contemporáneo, si es que queremos llegar a un adecuado entendimiento del primigenio culto cristiano.

Rahner ilustra esto de forma fascinante mediante la siguiente tesis: «Cuando en el Nuevo Testamento somos llamados, por ejemplo, 'hijos de Dios', se plantea la cuestión de si se dice expresamente con eso que somos hijos de las tres divinas Personas, es decir, de antemano y con los mismos derechos hijos del Hijo y del Espíritu Santo, o si esto no puede deducirse sin más de tal afirmación».[41]

Queda claro que no puede deducirse tal afirmación. Por esto se hace necesario repensar la lingüística neotestamentaria e inclusive recuperarla. Pues no toda verdad objetiva — kerigmáticamente — es correcta y precisa. Bien lo expresa así Rahner: «Es, por ejemplo, objetivamente cierto que cuando Jesús ora como hombre, su oración se dirige objetivamente a las tres divinas Personas; sin embargo, no sería exacto kerigmáticamente insistir demasiado en que Jesús adora al Hi-

---

[40] Dunn, opina incluso que centralizar el objeto de culto en Jesús podría llevarnos a lo que él denomina *jesulatría,* un culto que no cumpliría con la devoción que se debe únicamente, según él, al Padre de Jesucristo (Cf. DUNN. *¿Dieron culto...?,* p. 183).

[41] RAHNER. Escritos de teología I, p. 145.

jo de Dios».[42] La verdad objetiva y la precisión kerigmática deben ir de la mano.

Solamente si tenemos esto en cuenta podremos llegar a un entendimiento real del Nuevo Testamento. El vocablo θεός aparece en más de 1.300 ocasiones en el Nuevo Testamento. Como es evidente, no trataremos todos los casos aquí, sino, únicamente, los más relevantes. Ya otros autores, como Karl Rahner en su obra *Escritos de Teología,* han hecho un estudio más detenido del asunto.

1. Uso de θεός en la teología paulina

En sus cartas Pablo emplea el término *theos* en 547 ocasiones.[43] Sin duda, es usado mayormente con referencia al Padre.[44] Tanto es así que las primeras epístolas paulinas —dirigidas a Tesalónica o a Corinto— siempre aplican el vocablo en referencia al Padre.

---

[42] *Ibíd.,* p. 145.

[43] En este recuento no se ha considerado la epístola a los *Hebreos* como paulina, pues el estilo de la carta es diferente al uso habitual de Pablo y el autor no se presenta como Pablo, lo cual es clave en las cartas paulinas (2 Ts. 3:17). Trenchard declara que «El estilo literario es *totalmente* distinto del Apóstol. Se admite que el estilo de un escritor puede cambiar bastante según la época en que escribe y el asunto que trata, pero siempre dentro de ciertas modalidades que le son propias. Aquí la diferencia es radical, y parece indicar una cultura distinta y una manera diferente de pensar» (TRENCHARD, Ernesto. *Exposición de la epístola a los Hebreos* (Tercera edición). Madrid: Editorial Literatura Bíblica, 1974, p. 18).

[44] Este pensamiento no es nuevo. Justino, Hipólito, Ireneo, Tertuliano, etcétera, llegaron también a la conclusión de que el término *theos,* en su uso lingüístico novotestamentario, se refiere únicamente al Padre (Cf. KASPER, Walter. *El Dios de Jesucristo.* Salamanca: Ediciones Sígueme, 2005, p. 173; KASPER, Walter. *Jesús, el Cristo* (Segunda Edición). Salamanca: Ediciones Sígueme, 1978, p. 207).

Sirvan como ejemplo los siguientes: «...a la iglesia de los tesalonicenses en Dios Padre y en el Señor Jesucristo...» (1:1); «recordando sin cesar delante del Dios y Padre nuestro la obra [...] en la esperanza de nuestro Señor Jesucristo» (1:3).

El mismo patrón puede verse en Primera de Corintios 8:6: «para nosotros, sin embargo, hay un solo Dios: el Padre, de quien proceden todas las cosas, y nosotros somos para Él; y un solo Señor: Jesucristo...». O en: «Gracia a vosotros y paz de Dios nuestro Padre y del Señor Jesucristo» (1 Corintios 1:3).

En Primera de Corintios 10:31, Pablo exhortaba a dar la gloria a Dios (*theos*) en todo lo que hagamos. Y, enfáticamente, aclara quién es ese *Dios*, «para nosotros, sin embargo, hay un solo Dios: el Padre, de quien proceden todas las cosas, y nosotros somos para Él; y un solo Señor: Jesucristo, por medio de quien son todas las cosas, y nosotros por medio de Él» (1 Corintios 8:6). El Padre se constituye como el foco principal en la vida del creyente.

La conclusión de Rahner es que ὁ θεός, en su uso novotestamentario, es aplicable únicamente al Padre.[45] Personalmente, no estamos de acuerdo con esta conclusión, ya que existen textos a lo largo del Nuevo Testamento que avalan el hecho de que Jesús fue designado Dios.[46] Específicamente,

---

[45] RAHNER. Escritos de teología I, p. 144.
[46] Existen algunos textos —aunque reconocemos que son escasos— en los que Cristo es identificado con *theos*. Algunos ejemplos claros son: Ro. 9:5; Heb. 1:8; Jn. 1:1-2; 20:28; Tit. 2:13; etcétera. Para un estudio más extenso y detallado, Cf. WAINWRIGHT. *La Trinidad*, pp. 71-94. Asimismo, también Ladaria (Cf. LADARIA, Luis F. *El Dios vivo y verdadero. El misterio de la Trinidad*. Salamanca: Secretariado Trinitario, 2010, p. 184). Creemos que «en general» el vocablo *theos* en el Nuevo Testamento y en los escritos patrísticos se refiere al Padre.

son de interés los pasajes de Romanos 9:5 o 2 Timoteo 4:18 en la teología paulina.

Las discrepancias respecto a estos textos —sobre si el título *theos* es aplicado a Cristo o al Padre— se deben a la ausencia de puntuación en los manuscritos originales. Por ejemplo, en Romanos 9:5: «...εξ ων ο χριστος το κατα σαρκα ο ων επι παντων θεος ευλογητος εις τους αιωνας αμην», el significado de la frase variará dependiendo de si hay un punto al final del versículo o después del vocablo carne (σαρκα). Si el punto va al final, Cristo sería denominado «Dios bendito por los siglos»; si el punto viene seguido del término «σαρκα» o de «ων επι παντων», entonces, se haría una diferenciación entre Cristo y el Dios bendito por los siglos —que en este caso haría referencia al Padre—.

Wainwright observa que la mayoría de Padres de la iglesia consideran que el punto debe ir al final del texto. Sin embargo, apunta que algunos de los manuscritos unciales más antiguos, llevan el punto seguidamente a *carne*.[47]

Consideramos que las dificultades del pasaje no pueden resolverse con simples argumentos sobre la puntuación, ya que hay otras razones para creer ambas cosas. Sin embargo, las lógicas evidencias gramaticales favorecen a la primera interpretación como la correcta —donde la doxología iría dirigida a Cristo—.[48] Por regla general, las doxologías se dirigen a quien ha sido mencionado anteriormente. En el contexto inmediato de este pasaje, Cristo es el único mencionado, por lo que el término *theos* debe ser aplicado

---

[47] Véase la nota al pie de página nº1 en: WAINWRIGHT. *La Trinidad*, p. 73.
[48] CLARK, Stanley; Ernesto HUMENIUK y Gustavo SÁNCHEZ GUTIÉRREZ. *Comentario bíblico Mundo Hispano: Romanos*. El Paso, Texas: Editorial Mundo Hispano, 2006, pp. 165-166; WAINWRIGHT. *La Trinidad*, p. 73.

sólo a él. Existen otros argumentos de peso que avalan esta consideración.[49]

Aunque algunos teólogos consideran que existen otras referencias paulinas en las que Cristo es denominado *Dios* (por ejemplo: 2 Tesalonicenses 1:12; Colosenses 2:2; 1 Timoteo 1:17), las pruebas que lo respaldan son débiles e inconsistentes, como Wainwright reconoce.[50] Por tanto, resulta sorprendente que de los 547 casos en que Pablo emplea la palabra *theos*, sólo dos sean aplicadas con seguridad a Cristo. No podemos tomar con ligereza este asunto. Es más, la rigurosidad que Pablo tiene en las fórmulas litúrgicas al diferenciar a las Personas Divinas debieran hacernos repensar nuestras expresiones litúrgicas y culto cristiano actual.

Y, ¿por qué es importante esta precisión terminológica? Porque si comprendemos que θεòς es el Padre de nuestro Señor Jesucristo, entenderemos, con más exactitud, el sentido de filiación que tenemos como *hijos de Dios*. El Padre de Jesucristo es también nuestro Padre, pues somos υἱοὶ θεοῦ. A su vez, esto nos ayuda a precisar cuál sea nuestra relación con el Hijo —como un hermano de dolores que nos orienta y guía hacia el Padre— y con el Espíritu Santo —como la potencia que nos hace libres a una nueva forma de existencia y en la que podemos ver a Jesús como hermano y que nos permite acercarnos al Padre con la misma confianza que él—.

Debe notarse que la mayor parte de doxologías paulinas van dirigidas específicamente al Padre: «al único sabio Dios sea la gloria por medio de Jesucristo, para siempre jamás. Amén»[51] o «Y al Dios y Padre nuestro sea la gloria, por los

---

[49] Cf. CULLMANN, Oscar. *Cristología del Nuevo Testamento*. Salamanca: Ediciones Sígueme, 1998, pp. 398-399; WAINWRIGHT. *La Trinidad*, pp. 73-77.
[50] WAINWRIGHT. *La Trinidad*, pp. 89-93.
[51] Ro. 16:27.

siglos de los siglos, amén».[52] Asimismo, podemos verlo en Romanos 11:33-36; etcétera.

Kasper afirma que en los escritos paulinos existe una relación indisoluble entre los términos *Dios y Padre*, y que por lo general *pater* es el nombre propio de Dios. No duda que estas expresiones procedan de la liturgia y plegarias de aquellos primeros tiempos, y que fueran la base para las posteriores Confesiones de la Iglesia. Su opinión, por tanto, es que como el Padre es el punto de origen y final de la obra soteriológica de Jesucristo, *le corresponde la oración, la alabanza, la acción de gracias y la súplica.*[53]

Una apreciación importante a tener en cuenta, es que esta identificación de Dios con el Padre, no sólo se da en el lenguaje neotestamentario, sino también en los tiempos prenicenos.[54] La fórmula *creo en Dios Padre...; creo en Jesucristo, su Hijo unigénito...; creo en el Espíritu Santo*, es característica también del Credo Romano —ya sea en su forma griega o latina—, que es el símbolo más importante de la fe cristiana.[55] Este patrón puede verse también en posteriores credos, como el Símbolo de Epifanio, que es una ampliación del dogma niceno. De hecho, la oración eucarística de la *Didajé* —una de las más antiguas que se conservan— se dirige únicamente al Padre: «Te damos gracias, oh Padre nuestro, por la santa viña de David, tu siervo, que nos ha dado a conocer por Jesús, tu servidor. A ti sea la gloria por los siglos de los

---

[52] Fil. 4:20.
[53] KASPER. El Dios de Jesucristo, p. 171.
[54] Entiéndase por *preniceno* todo lo acontecido antes del concilio de Nicea.
[55] Pikaza afirma también que esta formulación es la que siguieron adoptando en el Concilio de Nicea y Constantinopla, en la que *Dios* es identificado con el Padre, y que Jesús es llamado Dios en cuanto es Hijo eterno (Cf. PIKAZA. *Dios como espíritu*, p. 92).

siglos».[56] Aun más interesante es la conclusión del concilio de Hipona (393 d. C.) en cuanto a que: «Mientras se está de pie en el altar, la oración debe dirigirse siempre a Dios Padre».[57]

Incluso Wainwright, gran defensor del culto a Jesucristo, reconoce que la mayor parte de las doxologías van dirigidas siempre a Dios Padre.[58] Aun el conocido himno *kenótico* en arameo de Filipenses 2:6-11, que algunos eruditos utilizan para abogar en pos de la centralidad de Cristo como objeto de culto:[59] «...para que en el nombre de Jesús se doble toda rodilla de los que están en los cielos, y en la tierra, y debajo de la tierra...», debe entenderse más bien como un culto a Dios Padre, que opera por medio del reconocimiento de Jesús como Señor, «y toda lengua confiese que Jesucristo es el Señor», pero que tiene como foco central del culto al Padre, «para gloria de Dios Padre».[60]

---

[56] *La Didajé. La Tradición Apostólica* (Cuadernos Phase 75). Barcelona: Centre de Pastoral Litúrgica, 2004, p. 14. Daniel Ruíz Bueno aclara que la oración se dirige a Dios Padre, por medio de Jesús su siervo, conforme a la auténtica tradición cristiana (Cf. RUIZ BUENO, Daniel. *Padres apostólicos. Edición bilingüe completa.* Madrid: Biblioteca de Autores Cristianos, 1979, p. 66).

[57] JUNGMANN, Josef Andreas. *Breve historia de la misa* (Cuadernos Phase 157). Barcelona: Centre de Pastoral Litúrgica, 2006, p. 36.

[58] WAINWRIGHT. *La Trinidad,* p. 115.

[59] *Ibíd.,* pp. 119-120. Véase también: VIDAL, Cesar. *Los primeros cristianos. Los judeo-cristianos en el Israel del siglo I.* Barcelona: Editorial Planeta Testimonio, 2009, p. 256.

[60] Señalando que el Padre es denominado Dios en este pasaje, Wainwright enfatiza que todo va dirigido para la gloria del Padre, y que la devoción que se le rinde a Cristo en este himno, *es en último término, honor dado a Dios Padre* (Cf. WAINWRIGHT. *La Trinidad,* pp. 224-225).

2. Uso de θεός en la teología joánica

Entre el Evangelio y sus cartas, Juan utiliza el término θεός en 148 ocasiones. Esto no es mucho si lo comparamos con el uso lucano (288 alusiones) o la epístola de Romanos que, siendo más corta en extensión, la supera en número de repeticiones (153 casos).

La teología joánica es mucho más propicia a asignar este título *theos* a Jesús. Lo cierto es que nada más comenzar su Evangelio, afirma: «καὶ θεὸς ἦν ὁ λόγος», es decir, «y Dios era la Palabra» (Juan 1:1). Asimismo, Juan 1:18 habla de Jesús como el «μονογενὴς θεὸς» (unigénito Dios).[61] Luego, al final del Evangelio pone este título en boca de Tomás, al hacer la confesión de fe sobre Jesús: «¡Dios mío!» (Juan 20:28). También su primera carta dice: «pero sabemos que el Hijo de Dios ha venido y nos ha dado entendimiento para que conozcamos al Verdadero, y estamos en el Verdadero: en su Hijo Jesucristo. Éste es el verdadero Dios, y la vida eterna» (1 Juan 5:20). Con todo, esto no significa que el término *theos* se aplicara indistintamente al Padre y al Hijo. Juan reconoce la diferencia al decir, «y el Verbo estaba ante/con Dios» (Juan 1:1). Morris enfatiza que: «Tienen la conexión más cercana posible pero no son idénticos».[62]

No obstante, los textos en los que Juan presenta a Jesús como *Dios*, no están relacionados con la liturgia o el culto, sino con la declaración teológica de que Cristo es divino y

---

[61] Algunas versiones bíblicas traducen como «unigénito Hijo», basadas en manuscritos más tardíos o en el *Codex Alexandrinus*. Pero las versiones críticas, así como los *Codex Sinaiticus y Codex Vaticanus* lo mencionan como «μονογενης θεος» (unigénito Dios).

[62] MORRIS, Leon. Jesús es el Cristo. Estudios sobre la Teología de Juan. Barcelona: Editorial CLIE, 2003, p. 13.

preexistente, y ha venido para revelarnos al Padre (Juan 1:18).

Ladaria afirma que en este Evangelio: «La divinidad de Jesús está claramente afirmada, junto a la del Padre y en relación con ella. El Padre es el Dios Verdadero, pero también lo es el Hijo; también respecto de él se usa el artículo, *el* Dios Verdadero».[63] Aun así, el uso mayoritario de *theos* es con referencia al Padre.[64] La novedad en este Evangelio es que Juan utiliza con más frecuencia que ningún otro autor el vocablo «Padre» (más de 120 referencias) —incluso en más ocasiones que la expresión «Dios»—, para hacer referencia al Dios de Jesucristo.

Juan muestra un especial interés en el Padre (*abba*) de Jesucristo. Jesús mismo dirige siempre la adoración (*proskuneo*) al Padre en este Evangelio (Juan 4:21-24). Y de todas las referencias que Juan hace sobre *proskuneo* (11 ocasiones), sólo una puede aplicarse a Cristo (Juan 9:38). Wainwright considera este caso como una adoración a Cristo como Dios;[65] sin embargo, el pasaje no indica en ningún momento que el ciego sanado considerara a Cristo como Dios. Es más, cuando los fariseos le preguntaron quién era el que le había sanado, el ciego contestó que *un profeta* (9:17). Más adelante pudo reconocerlo como Hijo del Hombre (9:35-38), lo cual, a priori, no supone divinidad,[66] ni implica una adoración análoga a Dios.

---

[63] LADARIA. El Dios vivo y verdadero, p. 157.

[64] MORRIS. *Jesús es el Cristo*, p. 137.

[65] WAINWRIGHT. *La Trinidad*, p. 128.

[66] LADD, George Eldon. *Teología del Nuevo Testamento*. Terrassa, Barcelona: Editorial CLIE, 2002, pp. 193-210; CULLMANN. *Cristología del Nuevo Testamento*, pp. 199-260.

De hecho, y aunque entendemos sus palabras como parte del contexto de la encarnación y humillación de Jesús, éste dijo: «El Padre es mayor que yo» (14:28). Juan presenta a un Cristo subordinado al Padre, no en rango, pero, al menos, sí en funciones. Morris comenta sobre este texto que: «... el pasaje ciertamente adscribe el lugar más alto al Padre».[67] También apunta que si el Cristo que Juan presenta rinde honores al Padre (Juan 8:49), entonces, *el Padre* es de suprema importancia.[68]

Especial mención merece Juan 5:23: «para que todos honren al Hijo como honran al Padre. El que no honra al Hijo, no honra al Padre que lo envió». El vocablo *honren* proviene del griego *timáo*, que entre sus connotaciones está la de apreciar, estimar, honrar, venerar, respetar, reconocer la posición, dar valor, poner precio, etcétera.[69] Por supuesto, el término, en su uso novotestamentario, no está restringido a la honra exclusiva a Dios. En 1 Pedro 2:17 se usa en referencia al deber que los creyentes tienen de honrar al prójimo y a los reyes. Sin embargo, Juan lo utiliza sólo en siete ocasiones, a lo largo de tres versículos (Juan 5:23; 8:49; 12:26). En el primer caso, Juan utiliza este término para igualar la autoridad y valor de Cristo a los de Dios, y dice que debe ser «honrado» del mismo modo (καθώς). Como Léon-Dufour señala, el Hijo «va

---

[67] MORRIS. Jesús es el Cristo, p. 142.

[68] Ibíd., p. 142.

[69] TAMEZ, Elsa e Irene FOULKES. *Diccionario conciso griego-español del Nuevo Testamento.* Stuttgart: Sociedades Bíblicas Unidas, 1978, p. 180; BALZ, Horst y Gerhard SCHNEIDER. *Diccionario exegético del Nuevo Testamento.* Tomo II. Salamanca: Ediciones Sígueme, 1998, pp. 1751-1752. Especialmente interesante es la explicación dada sobre el término en: KITTEL, Gerhard; FRIEDRICH, Gerhard; BROMILEY, Geoffrey W. *Compendio del diccionario teológico del Nuevo Testamento.* Grand Rapids, Michigan: Libro Desafío, 2002, pp.1164-1166.

tomando cada vez más una categoría impresionante».[70] Lo que Juan intenta es igualar el Hijo al Padre en cuanto a valor por su esencia divina. En este sentido, no podemos distinguir entre ambos.[71] El Padre ha otorgado al Hijo el poder de juzgar (5:23, 27), y por tanto, lo ha hecho digno de ser «valorado» como tal[72] y es digno en sí mismo por cuanto es divino.

El Padre desea que se le dé valor (honra) al Hijo, pero, este pasaje no debe confundirse con la tributación de adoración litúrgica,[73] pues no es éste el contexto en que Juan habla ni tampoco el uso joánico del término. Cuando Juan habla de la adoración u honra litúrgica, emplea el término *proskuneo*, que como veremos posteriormente, para Juan debe ir dirigida al Padre (Juan 4:23-24). Sin embargo, éste es un texto (Juan 5:23) que avala la alta cristología joánica y la dignidad de Jesús como divino —ya que las facultades de dar la vida y de juzgar, que en este capítulo Dios encomienda a Jesús, en el Antiguo Testamento eran prerrogativas divinas—.[74] Nótese que tras haber hecho esta excelsa afirmación, Juan modifi-

---

[70] LÉON-DUFOUR, Xabier. *Lectura del evangelio de Juan.* Jn 5-12. Tomo II. Salamanca: Ediciones Sígueme, 1995, p. 45.

[71] MATEOS, Juan y Juan BARRETO. *El evangelio de Juan. Análisis lingüístico y comentario exegético* (Tercera Edición). Madrid: Ediciones Cristiandad, 1992, p. 291.

[72] BALZ, Horst y Gerhard SCHNEIDER. *Diccionario exegético del Nuevo Testamento.* Tomo II. Salamanca: Ediciones Sígueme, 1998, pp. 1751-1752.

[73] Este parece ser el pensamiento de Zevini y de Robertson (Cf. ZEVINI, Giorgio. *Evangelio según San Juan.* Salamanca: Ediciones Sígueme, 1995, pp. 163-166; ROBERTSON, A. T. *Comentario al texto griego del Nuevo Testamento* (Obra Completa). Terrassa, Barcelona: Editorial CLIE, 2003, p. 215).

[74] Véase Dt. 32:36, 39; 1 S. 2:6; Is. 26:19; Sal. 43:1; Dn. 12:2.

ca —aunque no niega— esta verdad, al decir que el papel de Cristo está subordinado al Padre (Juan 5:30).[75]

Es evidente que el interés de Juan es llevarnos a la conclusión de que Cristo es del mismo valor (*timé*) que el Padre por cuanto es *Dios* (Juan 1:1, 18), pero que el culto debe ir dirigido exclusivamente al Padre, *por medio de* la obra de Jesucristo y *en* Espíritu (Juan 4:23-24). Al menos, los testimonios de la primitiva iglesia cristiana, fuera de los escritos joánicos, certifican este patrón, donde el *principal* foco de culto es el Padre.

D. *El objeto de culto de Jesucristo*

Es imprescindible tener en cuenta cuál fue el objeto de culto de Cristo si se quiere sacar en claro cuál debe ser el objeto de culto del cristianismo. Lo uno depende de lo otro. La base del cristianismo debiera ser el ejemplo de Cristo.

El objeto de culto de Jesús siempre fue —única y exclusivamente— el Padre.[76] Jesús oraba al Padre no sólo cuando lo llamaba como tal,[77] sino cuando se refería a él como θεὸς

---

[75] Así lo señala García-Viana, quien considera que a pesar de que existe una alta cristología en este Evangelio, Juan recalca el papel subordinado del Hijo al Padre (Cf. GARCÍA-VIANA, Luis Fernando. *El cuarto evangelio. Historia, teología y relato*. Madrid: San Pablo, 1997, p, 129). Dunn observa que el interés del Evangelio de Juan es mantener el equilibrio entre la idea de que Jesús es Dios, pero a la vez, distinto al Padre (Cf. DUNN. *¿Dieron culto...?*, pp. 154-155).

[76] El Nuevo Testamento no da pie a pensar otra cosa. No podemos decir que el objeto de culto a Jesucristo fuese el Espíritu Santo como Dios, pues no hay ni la más mínima evidencia de ello, sino que el culto que Jesús daba, iba dirigido únicamente al Padre, *en* el Espíritu Santo (Ver Lc. 10:21).

[77] Mt. 26:39; Jn. 17:1, 5, 21, etc.

(Dios), «...καὶ ἦν διανυκτερεύων ἐν τῇ προσευχῇ τοῦ θεοῦ».[78] Jesús alababa al Padre (Mateo 11:25). Jesús enseñó a sus discípulos a dirigir sus oraciones al Padre (Lucas 11:2). Especialmente interesante es el encuentro de Jesús con la Samaritana, donde Jesús dice: «Pero viene una hora, y ahora es, cuando los verdaderos adoradores adorarán al Padre en espíritu y verdad, porque también el Padre busca a tales que lo adoren. Dios es espíritu; y los que adoran, deben adorar en espíritu y verdad».[79]

Sin duda, «La palabra clave en esta idea completa es *Padre*. Él es el objeto de adoración y quien busca esos adoradores».[80] En πατὴρ no podemos entender otra cosa que el Dios del Antiguo Testamento. «Ella había hablado simplemente de "adoración"; nuestro Señor presenta delante de ella el gran Objeto de toda adoración aceptable: "el Padre"».[81] Es el Padre quien busca adoradores, y no Jesús ni el Espíritu. Jesús propone al Padre como la Persona final a la que debe dirigirse el culto. Como señala Jean Galot: «La adoración en espíritu y verdad encuentra en el Cristo eucarístico el modelo que mueve a la humanidad hacia el Padre».[82]

---

[78] Lc. 6:12.

[79] Jn. 4:23-24.

[80] MAYFIELD y EARLE. *Comentario bíblico Beacon. Tomo VII*, p. 76. La negrita es original.

[81] JAMIESON, FAUSSET y BROWN. Comentario exegético y explicativo de la Biblia. Tomo II: El Nuevo Testamento, p. 183.

[82] GALOT, Jean. *Nuestro Padre, Que es Amor. Manual de Teología sobre Dios Padre*. Salamanca: Secretariado Trinitario, 2005, p. 151. Por otro lado, Galot comete el error de ser permisivo en cuanto al objeto de la oración —aunque se entiende dentro del marco del catolicismo romano al que pertenece—, pues declara que la oración del cristiano puede ir dirigida no sólo al Padre sino al Hijo, al Espíritu Santo, a la Virgen y a los santos (p. 152 de la misma obra).

1. Interpretación estática

La dogmática clásica propuso una cristología estática, es decir, atemporal, válida para cualquier evento que tuviera que ver con Jesús.[83] Sin embargo, la cristología se enriquece cuando consideramos el Nuevo Testamento desde el prisma de una encarnación dinámica.[84] Es más, sería imposible entender, coherentemente, ciertos textos de la Escritura sin una visión dinámica. No pueden entenderse de la misma manera las palabras del Jesús encarnado pre-pascual, que las del Cristo resucitado pos-pascual.[85]

Para interpretar bien los textos sobre la vida de Jesús, es esencial tener en cuenta las diferentes etapas de su vida. Textos como Juan 14:28, donde Jesús asevera que: «el Padre es mayor que yo», interpretados de forma estática, darían a entender que el Hijo es inferior al Padre.

No obstante, una interpretación dinámica tendría en cuenta el contexto de las expresiones y el progreso como Verbo encarnado, preguntándose en qué momento o en qué etapa de su actividad Jesús dijo esto; a saber, como Cristo encarnado pre-pascual —asumiendo su forma humana y limitándose a sí mismo por razón de su humanidad, adoptando una

---

[83] GONZÁLEZ FAUS, José Ignacio. *La humanidad nueva. Ensayo de cristología.* Volumen I (9ª Edición). Santander: Editorial Sal Terrae, 1984, p. 207.

[84] RICO PAVÉS, José. Los sacramentos de la iniciación cristiana: Introducción teológica a los Sacramentos del Bautismo, Confirmación y Eucaristía. Toledo: Instituto Teológico San Ildefonso, 2006, p. 79.

[85] Esta distinción que hacemos entre el Jesús pre-encarnado, encarnado pre-pascual, y pos-pascual resucitado no es nueva. Los escritos novotestamentarios mencionan esta separación en diferentes ocasiones. Véase Ro. 1:3-4; Hch. 2:22-36; Heb. 1:3.

condición de subordinación — .[86] Pero no se verá dicha afirmación como Hijo pre-encarnado ni como Cristo resucitado pos-pascual. Solamente una visión dinámica de la encarnación nos permitirá trazar una cristología bíblica correctamente formulada.

Una interpretación estática del encuentro de Jesús con la mujer samaritana, tendría, como conclusión última, la centralidad del culto única y exclusivamente en el Padre, que es quien *busca* adoradores. Por otro lado, sería un legado de Jesús para todos los creyentes, de todo tiempo y en todo lugar. El objeto de culto que Jesús enseña no es otro que el culto al Padre.

Peterson aclara, con razón, que Jesús no es el objeto de adoración en este encuentro, sino el medio por el cual el Padre consigue verdaderos adoradores.[87] A nuestro entender, este pasaje nos explica cuál es la correcta dimensión «trinitaria» del culto.[88]

Jesús dirige toda adoración al Padre, por lo que el Padre es el objeto de culto. Sin embargo, la terminología usada por Jesús enseña algo muy importante: Las expresiones ἔρχεται y προσκυνήσουσιν (futuro) dan a entender que esta adora-

---

[86] Esto no implica un subordinacionismo heterodoxo. De hecho, algunos Padres de la Iglesia ya hicieron referencia a cierto subordinacionismo del Hijo al Padre, como Hipólito, Atanasio, etc. Wainwright, habla de un subordinacionismo dentro del orden de la Divinidad, en el que el Padre tiene prioridad sobre el Hijo (Cf. WAINWRIGHT. *La Trinidad*, p. 225). Incluso Leon Morris concluye que la venida de Cristo a la Tierra implicó alguna subordinación (Cf. MORRIS. *Jesús es el Cristo*, p. 142; en el pie de página nº7).

[87] PETERSON, DAVID. *En la presencia de Dios. Una teología bíblica de la adoración*. Barcelona: Publicaciones Andamio, 2003, p. 96.

[88] Sé que hablar de *Trinidad* en este pasaje es más bien un anacronismo. Sin embargo, queremos expresar las importantes implicaciones y enseñanzas que tiene este pasaje, y de las que debiéramos ser conscientes para nuestro culto cristiano actual.

ción, en *espíritu y en verdad*, es algo escatológico. Algunas versiones traducen como, «la hora viene».[89] Lo cierto es que todas enfatizan que el acontecimiento, aunque en algún sentido era presente («ahora es»),[90] tendría un cumplimiento futuro. Estimamos acertada la proposición de Brown al decir que esta «hora» hace referencia a la pasión y muerte de Jesús.[91]

Jesús enseña que la adoración no se restringe a un lugar específico —como los judíos y samaritanos creían—: «Mujer, créeme que viene una hora cuando ni en este monte ni en Jerusalem adoraréis al Padre».[92] Con todo, la adoración seguiría siendo en estos lugares hasta que Cristo con su muerte —que curiosamente fue cuando el velo del Templo que separaba el Lugar Santo del Santísimo se rasgó de arriba abajo (Mateo 27:21) — diera lugar a una nueva forma de culto, en la que siendo, él, mediador, tuviéramos acceso constante al lugar Santísimo, en cualquier lugar, *en Espíritu y en verdad*. Esto es avalado por el autor de Hebreos al decir: «Así que, hermanos, teniendo libertad para entrar en el Lugar Santísi-

---

[89] Por ejemplo la Reina-Valera 1862, 1960 y 1995 o la versión de las Américas. La Nueva Versión Internacional traduce como: «se acerca la hora». La de Jerusalén (3ª Edición) interpreta como: «llega la hora». Lo evidente es que todas lo interpretan como algo por venir, escatológico.

[90] Wikenhauser piensa que: «Jesús no quiere decir que tal adoración se rendirá desde aquel momento, como si el Espíritu ya hubiera sido dado, sino sólo que la posibilidad de hacerlo viene de la acción del Espíritu (cf. 5,25)». (WIKENHAUSER, Alfred. *El evangelio según San Juan*. Barcelona: Editorial Herder, 1967, p. 407.)

[91] BROWN, Raymond E., FITZMAYER, Joseph A. y MURPHY, Roland E. *Comentario Bíblico «San Jerónimo»*. Tomo V. Madrid: Ediciones Cristiandad, 1972, p. 849. Esta es la línea de pensamiento de Juan Mateos y Juan Barreto (Cf. MATEOS y BARRETO. *Evangelio de Juan*, p. 239).

[92] Jn. 4:21.

mo por la sangre de Jesucristo, por el camino nuevo y vivo que él nos abrió a través del velo, esto es, de su carne».[93]

Entendemos aquí que *por medio/a través de* Jesucristo se constituye una nueva forma de culto, en la que adoramos *al Padre, a través de Jesucristo, en Espíritu.* Ha llegado el momento en que el Padre no puede ser adorado si no es por medio de Jesucristo.[94] No hay otro camino posible, por medio del cual tengamos acceso a Dios Padre (Juan 14:6). Además, es necesario que esta adoración se lleve a cabo *en* Espíritu.

Algunos consideran que *en espíritu* no está hablando del Espíritu Santo, sino del espíritu humano.[95] Otros, en cambio, creen que lo más probable es que *pneuma* se refiera al Espíritu Santo que nos regenera y nos confirma en la verdad.[96] Incluso algunos creen que ambas posibilidades son factibles y que, seguramente, estuvieron en la mente de Jesús.[97]

El texto joánico, nos dice en otros lugares, que el Espíritu Santo es *el Espíritu de la verdad* y el que *nos guiará a toda verdad* (Juan 15:26; Juan 16:13-15). En las cartas joánicas, tam-

---

[93] Heb. 10:19-20.

[94] Por esto, Josef Blank afirma que «Jesucristo vivo y resucitado de entre los muertos ocupa el lugar del templo en la concepción del círculo joánico» (Cf. BLANK, Josef. *El evangelio según San Juan*. Barcelona: Editorial Herder, 1984, pp. 318-327).

[95] MORRIS, Leon. *El Evangelio según San Juan*, Vol. I. Barcelona: Editorial CLIE, 2005, p. 314.

[96] Cf. PETERSON. En la presencia de Dios, p. 96; PIPER, John. Sed de Dios: meditaciones de un hedonista cristiano. Viladecavalls, Barcelona: Andamio, 2001, pp. 73-107; LÓPEZ MARTÍN, Julián. «En el Espíritu y la Verdad». Introducción Teológica a la Liturgia (2ª Edición ampliada). Salamanca: Secretariado Trinitario, 1987, p. 39; GRUDEM, Wayne. Teología Sistemática. Miami, Florida: Editorial Vida, 2007, p. 1258; PIKAZA y SILANES. Diccionario teológico, p. 6; ROVIRA BELLOSO, Josep Mª. Dios, el Padre. Salamanca: Secretariado Trinitario, 1999, p. 39.

[97] PIPER, John. *Lo que Jesús exige del mundo*. Grand Rapids, Michigan: Editorial Portavoz, 2007, p. 104.

bién existe una gran relación entre el Espíritu Santo y la verdad (1 Juan 5:6). La adoración al Padre no puede ser efectiva si no es por la vida espiritual que el Espíritu Santo provee. El Espíritu Santo nos fue enviado para que pudiéramos comunicarnos con el Padre (Gálatas 4:6). Wikenhauser opina que la adoración «en verdad» sólo puede darse en aquéllos que han nacido del Espíritu y son hijos de Dios.[98]

De hecho, a lo largo del Nuevo Testamento vemos que la adoración y servicio a Dios Padre —del griego λατρεύω—, se hace en Espíritu. Romanos 1:9 asevera: «Porque Dios, al cual sirvo en mi espíritu en el Evangelio de su Hijo...» o incluso más clara es la referencia de Filipenses 3:3: «Porque nosotros somos la circuncisión, los que servimos por el Espíritu de Dios...». Otras versiones traducen: «que adoramos en el Espíritu de Dios»[99] o como la versión católica de Jerusalén (3ª edición) traduce: «los que damos culto según el Espíritu de Dios».

Esta libertad de adorar en cualquier lugar, sólo es factible por medio del Espíritu Santo. Como Pablo advertía: «porque el Señor es el Espíritu, y donde está el Espíritu del Señor, hay libertad» (2 Corintios 3:17).

Por otro lado, si interpretamos la expresión «en verdad» (Juan 4:23-24) como «en Jesús», ya que Juan hace referencia a Jesús como la *Verdad* (Juan 14:6; 8:32), entonces, también debemos colegir esta dimensión trinitaria, en la que la adoración es llevada bajo la acción y el poder del Espíritu, en Cristo y al Padre.[100]

---

[98] WIKENHAUSER. *El evangelio según San Juan*, pp. 168-169.
[99] Esta es la versión de la Biblia de las Américas.
[100] Esta es la línea de pensamiento que tienen Pikaza y Silanes, la cual consideran la base de la liturgia cristiana (Cf. PIKAZA y SILANES. *Diccionario teológico*, p. 6).

En este caso, las tres Personas Divinas se hacen presentes y actúan en el culto cristiano. Este es un buen ejemplo de cual debiera ser la dimensión trinitaria del culto. En resumen, esta enseñanza nos muestra que el culto debe ir dirigido *al Padre, por medio de Jesucristo, en el Espíritu Santo*.[101]

2. Interpretación dinámica

Por otro lado, algunos consideran que este pasaje sólo tendría sentido en el contexto del Jesús encarnado prepascual —en su forma humana, en condición subordinada—. Por esta razón, Jesús estaría dirigiendo su adoración al Padre. La enseñanza de la figura histórica de Jesús era importante para las personas del entorno en que vivió, pero ¿se aplica esta enseñanza también para las posteriores generaciones? O ¿será que Jesús enseñó una adoración exclusiva al Padre, sólo a su generación debido a que él (Jesús) aún no había sido puesto en una posición tan excelsa a la diestra de Dios? Es evidente que este tipo de lenguaje no se ve en Jesús fuera del período de la encarnación pre-pascual ni en el Cristo pos-pascual resucitado.

No obstante, resulta inútil la interpretación dinámica para intentar darle otro sentido al pasaje de Jesús con la mujer samaritana. Obviamente, las palabras de Jesús se enmarcan en su etapa pre-pascual, porque ésta fue la fase de su ministerio terrenal. No existen testimonios de la voz de Jesús como Hijo pre-encarnado; y los pocos que hay del Cristo pos-

---

[101] Al hablar de *culto* no solamente nos referimos a la adoración. El *culto* conlleva todo el conjunto de actos que se dirigen a la divinidad, como por ejemplo, la oración. Una obra amena, pero que trata con agudeza el tema de la oración *a Dios, por medio de Jesucristo en el Espíritu Santo*, es la de John Bunyan; BUNYAN, John. *Cómo Orar en el Espíritu*. Grand Rapids, Michigan: Editorial Portavoz, 2003.

pascual resucitado son escasos e insuficientes para obtener conclusiones sólidas diferentes a las ya obtenidas.

Las enseñanzas y principios obtenidos de este encuentro son tan claros y contundentes, que no los podemos pasar por alto. Leon Morris, en sus estudios sobre la teología de Juan, reconoce que al Dios Padre se le otorga una posición más excelsa y que no deberíamos ignorar este detalle. Incluso añade, en referencia a la honra que Jesús dio al Padre (Juan 8: 49), que: «la idea es que si una persona tan grande como el Jesús que Juan describe, rinde honores al Padre, entonces el Padre es de una importancia suprema».[102]

Si, como antes señalábamos, esa nueva forma de culto en el Espíritu era algo escatológico —que debía cumplirse en plenitud con el sacrificio de Jesucristo—, entonces, no podemos interpretar las palabras de Jesús solamente como una enseñanza aplicable para la gente de su tiempo, sino para todas las generaciones subsiguientes a su muerte y resurrección. El tiempo futuro del verbo adorar, προσκυνησουσιν, parece indicar que ésta será una acción que había de continuar aun después de la muerte de Jesús en el Calvario.

De hecho, el pasaje del encuentro de Jesús con la mujer samaritana tendría un sentido más profundo para las generaciones posteriores a Jesús. Recordemos que el Evangelio de Juan fue el último en escribirse —sobre la última década del primer siglo—,[103] décadas después de la destrucción del

---

[102] MORRIS. *Jesús es el Cristo*, p. 142.

[103] La mayoría de expertos concuerda en dar una fecha entre el año 90-140 d. C. (Cf. BARRET, Ch. K. *El Evangelio Según San Juan*. Madrid: Ediciones Cristiandad, 2003, p. 196; BROWN, Raymond E. *El Evangelio según San Juan. I-XII*. Madrid: Ediciones Cristiandad, 1999, pp. 100-108). Al igual que Antonio Piñero, consideramos que la fecha de composición más probable para este evangelio es entre el año 90-100 d. C. (Cf. PIÑERO, Antonio. *Todos los Evan-*

Templo. Si Jesús dijo estas palabras, que no recoge ningún otro Evangelio, la comunidad joánica rescata la enseñanza de Jesús ahora que no tienen Templo. Es un mensaje de consuelo y esperanza para las posteriores generaciones a la destrucción del Templo, y entre ellas estamos nosotros. Schnackenburg, especifica que: «Lo que Jesús dice a la sencilla mujer samaritana (v. 23s), lo dice también a sus creyentes posteriores que practican ya el culto cristiano y pueden acceder a una inteligencia más profunda».[104]

Por tanto, sea como fuere que interpretemos este pasaje, queda claro que, «Jesús habló del nuevo lugar de culto al Padre en el Espíritu»,[105] y nos enseñó que los verdaderos adoradores seguirían este legado. Este es nuestro *documentum*.[106]

---

gelios. Traducción íntegra de las lenguas originales de todos los textos evangélicos conocidos. Madrid: Editorial Edaf, 2009, p. 168).

[104] SCHNACKENBURG, Rudolf. *El Evangelio según San Juan.* Tomo I. Barcelona: Editorial Herder, 1980, p. 493.

[105] LÓPEZ MARTÍN. «En el Espíritu y la Verdad», p. 38.

[106] Entiéndase por *documentum la* acción, norma o patrón a imitar.

PARTE II

EL CULTO A CRISTO

El surgimiento u origen del culto a Cristo es un evento que ha atraído tanto a aquéllos que abrazan la fe cristiana, como a los que no aceptan esta fe, y que se han sentido interesados por uno de los sucesos más influyentes y enigmáticos de la historia humana. No obstante, los expertos siguen debatiendo los orígenes históricos de esta fascinante experiencia.

A nivel pastoral, este tema es de relevante importancia, pues choca de frente con las múltiples tendencias (religiones o sectas cristianas) que rechazan la adoración a Jesucristo — llegándola a considerar como idolatría —[107] o la devalúan — afirmando que ésta, en realidad, no es más que un reconocimiento a la posición excelsa que Cristo ha recibido del Padre, pero no una adoración análoga al Padre, por cuanto no es el Dios Todopoderoso —.[108]

---

[107] Incluso el teólogo cristiano e importante especialista en Nuevo Testamento, James Dunn, considera que la adoración —del mismo nivel que se da al Padre— dirigida a Jesús es un acto de *jesulatría* (Cf. DUNN. *¿Dieron culto...?* p. 183-188).

[108] Esta es la línea de pensamiento que siguen la secta de los Testigos de Jehová, entre otros. Puede verse en la Biblioteca en línea Watchtower: http://wol.jw.org/es/wol/d/r4/lp-s/102000250 [Consulta: 30 de noviembre de 2014].

A. Antecedentes del culto a Cristo en la adoración veterotestamentaria al ángel de YHWH

Añadimos este punto al comienzo del estudio del culto a Cristo, porque consideramos este factor una providencial preparación para la liturgia. Son pocos los críticos modernos que han caído en la cuenta de la relevancia de este punto, seguramente, porque es una reflexión más teológica que histórica.

Aunque en los tiempos veterotestamentarios existía cierta veneración a los ángeles, la adoración más excelsa era reservada únicamente para YHWH.[109] Ya hemos estudiado la monolatría y el posterior monoteísmo que caracterizaba a Israel, el cual se hace patente también en el Nuevo Testamento. En algunos pasajes neotestamentarios vemos cómo los ángeles rechazaban toda adoración humana y la dirigían de forma exclusiva a Dios (cf. Apocalipsis 19:10; 22:8-9). De hecho, Pablo nos advierte del peligro de adorar a los ángeles (Colosenses 2:18-19).

Por todo ello, resulta llamativo que el ángel de YHWH recibiera adoración en el Antiguo Testamento —adoración que en ningún momento fue rechazada— (cf. Números 22:31; Josué 5:13-15; Jueces 13:17-20). Evidentemente, es un dato curioso que este ángel reciba adoración e, inclusive, sea iden-

---

[109] Hurtado considera que «Ni siquiera las figuras angélicas que formaban parte del amplio séquito celestial de Dios, y que ocupan un lugar tan destacado en algunos escritos judíos de época grecorromana, ni los grandes héroes humanos de la Biblia (como, por ejemplo, Moisés) y de la historia posbíblica (como los macabeos) fueron tratados como objetos legítimos de culto en ninguno de los círculos judíos que conocemos en ese período» (HURTADO. *Señor Jesucristo*, p. 51).

tificado con YHWH mismo (Génesis 31:11-13; Éxodo 23:21). Al menos, es menester reconocer que en ocasiones se hace difícil distinguirlos (Génesis 16:7; 21:17; 22:11; 31:11; Jueces 6:11-14; 13:21-22; etcétera). Para Lacueva, existen tres textos (Génesis 32:24-30; Éxodo 3:2, 14-15; Zacarías 3) que, irrefutablemente, indican que este ángel es un ser distinto al Padre, pero también de naturaleza divina, y que, necesariamente, debe ser el Hijo pre-encarnado.[110] Esto ha llevado a muchos intérpretes a concluir que este ángel era una Cristofanía.[111] De hecho, ésta es la postura característica de los «tradicionalistas», y Lacueva asegura que ésta era una idea aceptada desde Justino Mártir (a mediados del siglo II).[112]

El denominado *angelos kuriou* de la Septuaginta, guarda una estrecha relación con Cristo, quien, como Dios Padre, se apropia del título *kuriou* en todo el Nuevo Testamento. Es más, incluso aquellos que no consideran plausible que el ángel de YHWH sea una Cristofanía, reconocen en este ángel una posición más sublime, inclusive adoración, debido a que a través de él, se reconoce la presencia de YHWH.[113] Sin lugar a dudas, este misterioso ángel representaba de forma especial la presencia de Dios. Tanto es así, que YHWH, en

---

[110] LACUEVA, Francisco. *La persona y la obra de Jesucristo*. Curso de formación teológica evangélica Tomo IV. Terrassa, Barcelona: Editorial CLIE, 1989, pp. 33-34.
[111] Cf. VINE, W. E. *Diccionario expositivo de palabras del Antiguo y Nuevo Testamento exhaustivo de Vine*. Nashville, Tennessee: Grupo Nelson, Inc., 2007, p. 20; WILLMINGTON, Harold L. *Compendio Manual Portavoz*. Grand Rapids, Michigan: Editorial Portavoz, 2001, p. 552. Otro argumento interesante es descrito en: PARED, Pedro C. *El plan de Dios en las profecías*. Bloomington, Indiana: 2011, pp. 47-48.
[112] LACUEVA, Francisco. *Diccionario teológico ilustrado*. Terrassa, Barcelona: Editorial CLIE, 2001, pp. 53-54.
[113] PHILLIPS, Ron. *Misterios inexplicables del cielo y la tierra*. Lake Mary, Florida: Charisma Media, 2013, pp. 52-53.

respuesta a la petición de Moisés le dice: «Y ahora ve, conduce este pueblo adonde te he dicho. He aquí mi Ángel irá delante de ti, y en el día de mi reprensión, castigaré sobre ellos su pecado»,[114] «Y Él dijo: ¿Mi presencia habrá de ir contigo y darte reposo? Y le dijo: Si tu presencia no ha de ir, no nos hagas subir de aquí».[115] El ángel fue la respuesta al deseo de Moisés de que la *presencia* de Dios le acompañara.[116] Realmente, tanto manifestaba la presencia de Dios que es denominado como «el Ángel de su presencia» (Isaías 63:9).

Sea como fuere, esto nos enseña que, tal ángel, era adorado debido a que veían en él la misma presencia de Dios. No existen evidencias de que este ángel fuera identificado como el Cristo pre-encarnado por la Iglesia apostólica, pero sí en el judeo-cristianismo subsiguiente a los escritos novotestamentarios.[117] Por esta razón, no podemos concluir que el posterior culto a Cristo estuviese marcado por la identificación del Cristo pre-encarnado con este ángel que era objeto de adoración. No obstante, este hecho nos ofrece pistas muy significativas, que deben ser sopesadas y valoradas a la hora de determinar qué factores motivaron la adoración a Jesucristo.

B. ORIGEN HISTÓRICO

Es difícil definir, a ciencia cierta, cuándo comenzó la devoción litúrgica a Jesús y por qué. Por esta razón, es sustan-

---

[114] Éx. 32:34.
[115] Éx. 33:14-15.
[116] Fred Dickason considera que uno de los ministerios principales de este ángel era *representar la presencia de Dios* (Cf. DICKASON, C. Fred. *Los Ángeles: Escogidos y Malignos*. Grand Rapids, Michigan: Editorial Portavoz, 1995, p. 80).
[117] VIDAL. *Los primeros cristianos*, pp. 253-254.

cial reflexionar en las diferentes propuestas históricas, sopesando las valoraciones de cada experto y analizando, críticamente, cada una de ellas.

1. Crítica a las diferentes propuestas históricas

Debido a las limitaciones de espacio de esta investigación, vamos a delimitar nuestro análisis crítico a las principales proposiciones históricas. A su vez, para abreviar y simplificar el examen de las distintas propuestas —las cuales han sido más extensamente analizadas en otras obras —,[118] segmentaremos el estudio de las mismas en dos partes: Las opiniones sobre un *origen helenista* y sobre un *origen judeocristiano*.

2. Origen helenista

El exégeta alemán Wilhelm Bousset, defiende en *Kyrios Christos*, que el culto a Jesús apareció en el contexto de los gentiles helenos, oriundos de Siria —en los que la devoción pagana a los semidioses y a los héroes divinizados, promovió la influencia necesaria que propició la adoración a Jesús—, alrededor de la mitad del siglo I.[119]

Esta explicación fue comunicada y admitida por muchos estudiosos que introducían pequeños matices. Este es el caso del experto en Nuevo Testamento, Maurice Casey, quien

---

[118] HURTADO. *Señor Jesucristo*; HURTADO. *¿Cómo llegó Jesús...?*; RÄISÄNEN, Heikki. *El nacimiento de las creencias cristianas*. Salamanca: Ediciones Sígueme, 2011; etcétera.
[119] BOUSSET, Wilhelm. *Kyrios Christos: Geschichte des Christentums bis Irenaeus*. Göttingen: Vandenhoeck & Ruprecht, 1913; Cf. HURTADO. *¿Cómo llegó Jesús...?*, pp. 20-21.

considera que el culto a Jesús fue el fruto de las prácticas e ideas religiosas paganas, de cristianos gentiles, que ignoraban o no comprendían la singularidad del Dios de la tradición judía, seguramente, del tiempo en que vive el grupo cristiano del Evangelio de Juan.[120]

Rudolf Bultmann, de forma similar, asevera que cuando el cristianismo echó raíces en el campo helenista y Jesús es concebido por ellos como Señor divino, comienza la adoración a Jesús en el culto.[121]

Las opiniones de Bousset, Casey y Bultmann sobre un origen helenístico parecen tener una visión simplista de la historia del primigenio cristianismo. Previamente, comprobamos que el cristianismo gentil era, inapelablemente, reacio a toda influencia politeísta, idólatra y pagana.[122] Las fuentes históricas muestran que el origen helénico de la devoción a Jesús es una imposibilidad cronológica, ya que existen testimonios de un culto más temprano en el seno del judeocristianismo.[123] Algunas de éstas serán examinadas posteriormente.

La influencia gentil es, además, una imposibilidad lógica y demográfica —como Hurtado demuestra—[124]. El cristianismo, en sus primeras décadas, fue un movimiento incipiente dentro del judaísmo, considerado una secta judía y

---

[120] CASEY, Maurice. *From Jewish Prophet to Gentile God: The Origins and Development of New Testament Christology.* Cambridge, England; Louisville, Ky.: J. Clarke & Co.; Westminster/J. Knox Press, 1991.

[121] BULTMANN, Rudolf. *Teología del Nuevo Testamento.* Salamanca: Ediciones Sígueme, 1981, pp. 11-13.

[122] Anteriormente explicado en *Monoteísmo judío del período romano,* veíamos cómo en los primeros escritos cristianos se prohibió dejarse influenciar por el politeísmo e idolatría gentil.

[123] Cf. HURTADO. *¿Cómo llegó Jesús...?* pp. 59-69.

[124] *Ibíd.,* pp. 69-76.

dominada, principalmente, por judíos. Éstos estaban aferrados a la tradición hebrea que les precedía y, jamás habrían admitido que se introdujeran ideas paganas rompiendo las creencias más importantes de su religión, a saber, monoteísmo y monolatría.[125] Por otra parte, los testimonios de cristianos gentiles avalan la imposibilidad. El obispo cristiano de la ciudad griega de Esmirna, Policarpo (70-155 d. C.), no se niega, únicamente, a aceptar la existencia de otras divinidades, sino la de otros señores. El verdugo que condujo a Policarpo a la ciudad para martirizarlo, le preguntó: «¿Qué inconveniente hay en decir: César es el Señor, y sacrificar y cumplir los demás ritos y con ellos salvar la vida?»[126] Sin embargo, Policarpo, no estuvo dispuesto a aceptar ese reconocimiento al César y prefirió ser martirizado. Este es un vivo testimonio de la rigurosidad del cristianismo gentil.

Hurtado está convencido de que: «La firmeza del compromiso monoteísta reflejado en el Nuevo Testamento y el categórico desdén por toda forma de religión pagana se combinan para constituir otra seria dificultad a la hora de atribuir a los primeros cristianos la predisposición a absorber y asimilar las creencias y categorías mentales religiosas del paganismo».[127]

El hecho de que no existan testimonios que muestren que los gentiles cristianos iniciaran una actividad devocional distinta a la que previamente habían tenido los judeo-cristianos, señala que no existían discrepancias entre ellas, sino que era

---

[125] *Ibíd.*, p. 74.
[126] LOARTE, José Antonio. El Tesoro de los Padres. Selección de textos de los Santos Padres para el cristianismo del tercer milenio. Madrid: Ediciones Rialp, 1998, p. 51.
[127] Cf. HURTADO. *¿Cómo llegó Jesús...?*, p. 81.

una y la misma.[128] De lo contrario, estos últimos habrían denunciado tal forma de actuar. Pero no lo hicieron. Por todo esto, debe rechazarse la idea de un origen helenista debido a una influencia gentil y pagana.

3. Origen judeo-cristiano

Richard William Horbury plantea que la devoción litúrgica a Jesús tuvo sus inicios a partir de la tradición religiosa del Segundo Templo. En contraposición al culto a Jesús, fruto de la influencia gentil y pagana, nos plantea el culto a Jesús como la acomodación de la devoción tributada en la antigua tradición hebrea a las figuras regias, mesiánicas y a los mártires.[129]

Decir que rechazamos el pensamiento acerca de las figuras regias hebreas, planteado por Horbury, porque su teoría sólo sería admisible en un judaísmo flexible, es decir, no estricto. Pero, como ya vimos en el primer apartado de esta investigación, el monoteísmo del Segundo Templo —y más enfáticamente del período romano— era radicalmente monoteísta.[130] Además, no se puede encontrar una verdadera

---

[128] El error que Bultmann comete es considerar que todas las oraciones dirigidas a Jesús no eran algo común de la praxis cúltica de la comunidad cristiana, sino oraciones individuales y personales (Cf. BULTMANN. *Teología del Nuevo Testamento*, p. 176). Como posteriormente veremos, estas oraciones a Jesús no eran parte solamente de plegarias personales, sino rasgos distintivos de la comunidad cristiana. Este pensamiento es más desarrollado en: HURTADO. *Señor Jesucristo*, pp. 170-186.

[129] HORBURY, Richard William. *Jewish Messianism and the Cult of Christ.* London: SCM Press, 1998.

[130] Para un desarrollo más amplio del monoteísmo estricto véase: BAUCKHAM. *Monoteísmo y cristología*, pp. 13-33.

analogía del culto a Jesús en ninguna de las figuras regias de la tradición judía.[131]

El reconocimiento de la divinidad de Cristo fue realmente temprano, en un contexto judeo-cristiano. Tal es el caso de Tomás, cuando exclamó al ver a Jesús resucitado: «¡Señor mío y Dios mío!» (Juan 20:28). Y como Lacueva subraya, Tomás era un judío radicalmente monoteísta y el uso innecesario de *theos* era una falta al tercer mandamiento de no usar el nombre de *Dios* en vano.[132] Kasper considera esta expresión de Tomás como una profesión y adoración al Cristo resucitado.[133]

Timo Eskola sostiene que la adoración a Jesús tuvo lugar como resultado de una deducción teológica, a saber, cuando los primitivos cristianos llegaron a la convicción de que Jesús había sido entronizado a la diestra del Padre, y por tanto, era digno de ser adorado.[134]

Bauckham tiene una visión similar a la de Eskola, pero más desarrollada. Considera que el culto a Jesús fue una inferencia lógica de los primeros cristianos de que éste compartía la identidad del Dios Uno y verdadero, y había sido partícipe de la creación y gobierno de todo —rasgos exclusivos de Dios—. Esto tendría lugar en un contexto judeo-cristiano.[135]

---

[131] Cf. HURTADO. ¿Cómo llegó Jesús...? pp. 38-40; 84-86; BAUCKHAM. Monoteísmo y cristología; RÄISÄNEN. El nacimiento de las creencias cristianas, p. 304.

[132] LACUEVA. La persona y la obra de Jesucristo, p. 90.

[133] KASPER. *Jesús, el Cristo*, p. 208.

[134] ESKOLA, Timo. Messiah and the Throne: Jewish Merkabah Mysticism and Early Christian Exaltation Discourse. Tübigen: Mohr Siebeck, 2001.

[135] BAUCKHAM. Monoteísmo y cristología.

Aunque los estudios de Eskola y Bauckham no tienen desperdicio, no podemos aceptar que el culto a Jesús fuese, simplemente, el motivo de una deducción lógica, a saber, que Jesús fue partícipe de la creación y gobierno divino. De hecho, la *Sabiduría* de Proverbios 8, también es presentada como partícipe de la creación y gobierno de todo, además de ser personificada. No obstante, nunca fue considerada objeto de adoración.[136] Incluso más cautivador es el hecho de que el Espíritu de Dios o Espíritu Santo, siendo partícipe en la creación (Job 26:12-13; 33:4; Salmos 104:30), siendo presentado de forma tan personificada y en términos tan excelsos —con rasgos exclusivos de Dios—, nunca recibe adoración. No existen analogías en el judaísmo posterior al Segundo Templo que justifiquen que las deducciones lógicas sean el motivo que propicie una adoración tan sublime.[137]

Arthur Wainwright, de igual modo, asevera que los cristianos del primer siglo ya adoraban a Jesús en una época temprana.[138] A pesar de todo, Wainwright no estudia, de forma independiente, el origen histórico de la misma.

Tanto James Dunn como Heikki Räisänen, consideran que aunque Jesús sí recibió adoración —o más bien una veneración—, ésta no alcanzaba la excelsitud de la adoración que se daba exclusivamente al Padre.[139] Pero Dunn —quien considera que los primeros testimonios del culto a Jesús datan de finales del siglo I, como se refleja en el Evangelio de Juan—,[140] minusvalora los tempranos testimonios cristianos que

---

[136] Esta línea de pensamiento es la que utiliza Hurtado para rechazar la propuesta de Bauckham (Cf. HURTADO. *¿Cómo llegó Jesús…?* pp. 40-46).

[137] Cf. HURTADO. *¿Cómo llegó Jesús…?*, p. 43.

[138] WAINWRIGHT. *La Trinidad*, p. 115.

[139] RÄISÄNEN. El nacimiento de las creencias, pp. 303-308.

[140] Puede verse esta línea de pensamiento en el capítulo The Making of Christology — Evolution or Unfolding? de J. D. G. Dunn en: GREEN, Joel B.

respaldan un culto mucho más temprano, como a continuación examinaremos. Por otro lado, la radical oposición judía al incipiente movimiento cristiano (cf. Hechos 9:1-2; Gálatas 1:13) pone de manifiesto que el culto que los primeros cristianos daban a Jesús, no era una simple veneración — inferior a la que se daba al Dios Uno —, sino una adoración análoga a la que le corresponde únicamente a Dios, de otra manera nunca hubieran sido perseguidos de una forma tan atroz.[141] Por estas razones, las teorías de Dunn y Räisänen no tienen fundamento.

Larry W. Hurtado contempla la temprana devoción a Jesús como una novedosa expresión de la piedad monoteísta de la tradición judía del Segundo Templo, a la que se llegó por profundas experiencias reveladoras, que avalaron la convicción de que el Dios Uno había otorgado a Cristo una dignidad y gloria a la diestra de Dios sin parangón y deseaba que Jesús fuese adorado de esta manera.[142] De esta forma presenta el monoteísmo, del primitivo cristianismo, como una nueva forma de monoteísmo binitario.[143] Esta es la línea

---

y Max TURNER. Jesus of Nazareth: Lord and Christ: Essays on the Historical Jesus and New Testament Christology. Grand Rapids, Michigan; Carlisle, UK: W.B. Eerdmans & Paternoster Press, 1994, pp. 437-452.

[141] Hurtado pone de manifiesto las pruebas de esta oposición judía a la devoción cristológica en el artículo: HURTADO, L. W. "Pre-70 C.E. Jewish Opposition to Christ-Devotion". *The Journal of Theological Studies* 50, n° 1, 1999, pp. 35-58; HURTADO. *¿Cómo llegó Jesús...?* p. 37.

[142] HURTADO. *¿Cómo llegó Jesús...?*, pp. 53-56.

[143] El monoteísmo binitario es la confesión de un único Dios verdadero, pero que a su vez, tiene un agente principal que participa de esa divinidad — aunque en este caso Jesús sería considerado divino en segunda instancia, subordinado en algunos aspectos —. Para Hurtado, esta cosmovisión no rompería el monoteísmo judío, ya que se sigue marcando la diferencia del Dios Uno y verdadero, que ahora exige adoración para Jesucristo exaltado. Este pensamiento debe diferenciarse del diteísmo, que sí sería considerado idolatría o blasfemia (Cf. HURTADO. *¿Cómo llegó Jesús...?* pp. 86-96).

de pensamiento que expondré en el siguiente punto, *Motivo del culto a Jesús*.

a. Análisis del vocablo «Μαραυα θα»

El análisis de esta expresión aramea se hace vital para nuestra investigación. De hecho, entendemos que este es uno de los principales argumentos para defender la práctica del culto a Jesús de los primitivos grupos judeo-cristianos.

Este vocablo constituye un verdadero vestigio de la praxis cúltica de los primigenios cristianos de lengua aramea. La mayoría de críticos concuerdan en que esta súplica es dirigida al Señor Jesús, y que debe entenderse como una oración.[144] La traducción sería: «¡Señor, ven!» o «¡Ven Señor Jesús!»

Resulta sorprendente que Pablo utilice esta expresión en arameo en su primera carta a los Corintios —iglesia greco-parlante—, y no se preocupe en traducirla (1 Corintios 16:22). Que la carta escrita en griego contenga una oración aramea carente de aclaraciones o traducción, es un fuerte indicio de que Pablo daba por hecho que los lectores entenderían y reconocerían su significado.

Pero, ¿cómo se explica que una iglesia de habla griega comprendiera una expresión aramea sin traducción? La con-

---

[144] El teólogo Rudolf Bultmann, aunque considera que las oraciones litúrgicas son dirigidas mayormente a Dios Padre, reconoce que ésta es una oración o invocación referida a Cristo (Cf. BULTMANN. *Teología del Nuevo Testamento*, p. 176); RÄISÄNEN. *El Nacimiento de las Creencias Cristianas*, p. 302; FITZMYER, Joseph A. *First Corinthians. A New Translation with Introduction and Commentary.* New Haven, London: Yale University Press, 2008, p. 72. Hurtado aclara que ésta es la línea de pensamiento de la mayoría de estudiosos (Cf. HURTADO. *¿Cómo llegó Jesús...?*, pp. 66-67).

clusión más lógica es considerar que dicha fórmula era ya convencional, incluso entre los conversos gentiles. Hurtado considera que: «era una de las fórmulas de devoción de los grupos de lengua aramea del movimiento cristiano primitivo que él [Pablo] transmitió a sus conversos gentiles de lengua griega; una especie de gesto de solidaridad religiosa hacia los creyentes de Judea, de quienes Pablo dice que son predecesores de sus conversos gentiles (cf. 1 Tesalonicenses 2, 13-16; Romanos 15, 25-27)».[145]

Ahora bien, si la carta que contiene esta expresión fue compuesta sobre los años 52-56 d. C.,[146] esto indica que *maranatha* era ya un vocablo conocido y popular entre los primitivos cristianos de lengua aramea, mucho antes de que se escribiera esta carta. De hecho Martin Hengel considera que el origen de tan alta cristología tuvo lugar entre los primeros cuatro o cinco años del cristianismo y que, ésta, estaba plenamente desarrollada, como reflejan los más antiguos textos cristianos.[147] Especialmente de las cartas de Pablo dice: «las cartas de Pablo son tan cortas que el desarrollo que tiene lugar en ellas sólo puede ser llamado increíble».[148] Colegimos, sin temor a equivocarnos, que poco después de la muerte de

---

[145] HURTADO. ¿Cómo llegó Jesús…? p. 67.
[146] Cf. NELSON, Wilton M, ed. *Diccionario ilustrado de la Biblia*. Nashville, TN-Miami: Grupo Nelson/Caribe, 1977, pp. 130-131; PEREZ MILLOS, Samuel. *Curso de Exégesis Bíblica y Bosquejos para Predicadores. Volumen 13. I Corintios*. Terrassa, Barcelona: Editorial CLIE, 1997, pp. 24-25.
[147] HENGEL, Martin. Between Jesus and Paul: Studies in the earliest history of Christianity. Philadelphia: Fortress Press, 1983, pp. 31-44.
[148] La cita original en inglés es: «The time between the death of Jesus and the fully developed christology wich we find in the earliest Christian documents, the letters of Paul is so short that development which take places within it can only be called amazing» (HENGEL. *Between Jesus and Paul*, p. 31).

Jesucristo, éste ya se había convertido en objeto de culto y en sujeto al que las oraciones iban dirigidas.

Considerando que la muerte de Jesús tuvo lugar el 14 de Nisán del año 30 d. C.,[149] y que tan solo catorce años después, las oraciones arameas dirigidas a Jesús (*maranatha*) eran ya convencionales, incluso en áreas greco-parlantes (1 Corintios 16:22), debemos inferir, necesariamente, que estas oraciones eran empleadas mucho antes de que se escribiera la carta a los corintios.[150]

Se equivoca Bultmann al considerar estas oraciones como peticiones personales. Como propone Wainwright, ésta es una posición injustificadamente estrecha, pues estas oraciones eran públicas, rogando que Cristo volviese de nuevo en ayuda de su iglesia como comunidad.[151]

Para mayor *inri*, algunos consideran que la expresión *maranatha* asocia el vocablo *Señor* a Jesús, identificándolo, a su vez, con el YHWH del Antiguo Testamento, otorgándole de forma implícita la misma categoría. Fitzmyer declara: «En tanto que se usa *Kyrios*, Pablo reconoce junto con el resto de la iglesia primitiva que el Cristo resucitado está a la par con

---

[149] Hengel afirma: «A variety of indications suggests that the death of Jesus is to be dated to Friday, 14 Nisan (7 April) AD 30» (HENGEL. *Between Jesus and Paul*, p. 31).

[150] Incluso Dunn reconoce que *maranatha*: «se había convertido en un elemento característico de las liturgias primitivas» (DUNN. *¿Dieron culto...?* p. 50). Hurtado escribe que: «la práctica de invocar a Jesús como 'nuestro Señor' ya debía de ser lo suficientemente habitual entre los círculos que hablaban arameo como para poseer un cierto halo de tradición y poder unir a los creyentes de distintas lenguas y culturas en una práctica devocional común» (HURTADO. *Señor Jesucristo*, p. 139).

[151] WAINWRIGHT. *La Trinidad*, pp. 122-124.

Yahweh del Antiguo Testamento».[152] Sin embargo, Fitzmyer se equivoca al decir que Cristo recibe la misma adoración que YHWH comparando Filipenses 2:10-11 con Isaías 45:22-23, pues como el texto paulino deja claro, el fin último de toda veneración a Jesús es dar una gloria mayor al Padre: «y toda lengua confiese que Jesucristo es el Señor para *gloria* de Dios Padre» (Filipenses 2:11). Más interesante es el hecho de que los manuscritos del Qumrán utilizan el término *mar* para designar a Dios, lo mismo que el vocablo *mar-anatha* referido en este caso a Jesús.[153]

Esta expresión es también común en la comunidad de *La Didajé*[154] —para algunos, el más antiguo escrito cristiano—,[155] que esperaba con ilusión la *parousía*. Si esta obra fue escrita por un judío —como la evidencia interna parece respaldar, así como la mayor parte de la erudición— aun se hace más trascendental. Otros, incluso, barajan la posibilidad de que el autor proviniera de los ambientes de Santiago —el autor de la epístola de *Santiago*—, debido a las similitudes entre ambas obras.

---

[152] La cita original en inglés es: «In so using Kyrios, Paul acknowledges along with the rest of the early church that the risen Christ is on a par with Yahweh of the OT» (FITZMYER. *First Corinthians*, p. 72).

[153] Puede verse el comentario que Räisänen hace en la nota 63 al pie de página (RÄISANEN. *El Nacimiento de las Creencias Cristianas*, p. 304).

[154] RUIZ BUENO. *Padres apostólicos*, p. 88.

[155] La *Didajé* o *Didaché* es, seguramente, anterior a algunos libros neotestamentarios (Cf. RUIZ BUENO. *Padres apostólicos*, p. 29). La mayoría de expertos considera esta obra como anterior al año 100 d. C. (Cf. BROWN, Raymond E., FITZMAYER, Joseph A. y MURPHY, Roland E. *Comentario Bíblico San Jerónimo. Tomo III. Nuevo Testamento I.* Madrid: Ediciones Cristiandad, 1972, p. 192).

A nuestro juicio, como ya otros expertos han expuesto,[156] el lugar de composición de la obra fue Antioquía. Así parece indicarlo la referencia a los «cristianos» en *La Didajé*, puesto que ese nombre se escuchó por primera vez en Antioquía (Hechos 11:26). Además, las continuas referencias a los apóstoles, profetas y doctores parecen señalar al mismo lugar: «ahora bien, había en la iglesia que está en Antioquía, profetas y maestros» (Hechos 13:1). Por éstos y muchos otros argumentos, ya desarrollados en la obra anteriormente citada, consideramos que ésta es la posición más plausible.

Abogo por una fecha de composición temprana, debido a su lenguaje arcaico, seguramente antes del año 70 d. C., ya que existe una fuerte lucha contra los judaizantes.[157]

Éstos son argumentos a favor de una devoción a Jesús dentro de los contextos judeo-cristianos, descartando así toda influencia gentil. Aún más curioso es el hecho de que este tipo de oración no se presentara como algo novedoso o innovador, sino que se presuponía como algo típico.[158] Por tanto, no hay razón para pensar que las oraciones y adoración que tenían por objeto a Jesús, fueron fruto de la influencia tardía de la sociedad gentil y pagana. Todo apunta a que las oraciones que tenían como objeto a Jesús eran ya habituales en los contextos judeo-cristianos inmediatos a la resurrección de Jesús.

---

[156] RUIZ BUENO. *Padres apostólicos*, pp. 71-72. Al menos, en una comunidad de Palestina (Cf. GONZÁLEZ, Justo L. *Historia del Pensamiento Cristiano*. Barcelona: Editorial CLIE, 2010, pp. 72-73).

[157] Para una exposición más detallada sobre los argumentos a favor de una composición precoz —alrededor del año 70 d. C. — véase: RUIZ BUENO. *Padres apostólicos*, pp. 72-73.

[158] Según Hurtado la oración a Jesús formaba parte de los primeros años del movimiento cristiano, seguro, en la década de los treinta (HURTADO. *Señor Jesucristo*, p. 167).

b. Oraciones dirigidas al Cristo-pospascual resucitado

Como hemos visto en el punto anterior, las oraciones a Jesús eran ya comunes en el temprano movimiento judeo-cristiano y, por supuesto, en las iglesias gentiles. Tanto era así, que los cristianos llegaron a ser conocidos como: «los que invocan el nombre del Señor Jesús» (1 Corintios 1:2). Limitamos este punto b. únicamente al término *invocar* (*epikaleîsthai*), porque está relacionado con las oraciones litúrgicas.[159]

Este término aparece en 30 ocasiones a lo largo del Nuevo Testamento, mayormente en el libro de *Hechos de los Apóstoles* (20 ocasiones); pero también en las cartas paulinas (6 ocasiones); y una vez en el Evangelio de Mateo, en el libro de Santiago, en Hebreos y en 1 Pedro. Aunque en algunas ocasiones no se refiere a la oración dirigida a Dios (Mateo 10:25; Hechos 1:23; 4:36; 10:5; 11:13; 12:12, 25; 25:11, 12, 21; 25:25; 26:32; 28:19; Hebreos 11:16; Santiago 2:7), el uso paulino está totalmente restringido a la invocación u oración a Dios (Romanos 10:12, 13, 14; 1 Corintios 1:2; 2 Corintios 1:23; 2 Timoteo 2:22).

Lo fascinante aquí es que la expresión «invocar el nombre del Señor» es muy común en la versión de los LXX (Génesis 3:4; 21:33; Salmo 50:15; 53:4; 79:6; 86:5; 91:15; etcétera), donde es utilizada en las oraciones e invocaciones de los creyentes a Dios. Esta fórmula denotaba también adoración, como parece enseñar Génesis 4:26; 12:8; 13:4; 21:33; Deuteronomio 28:10; 2 Samuel 22:4; Salmo 99:6; Joel 2:32; etcétera.[160]

---

[159] Cf. DUNN. ¿Dieron culto…? pp. 25-27; BULTMANN. Teología del Nuevo Testamento, p. 178.
[160] Cf. BROWN, Raymond E., FITZMAYER, Joseph A. y MURPHY, Roland E. *Comentario Bíblico «San Jerónimo»*, Tomo IV, p. 14.

Algunos eruditos consideran que su uso en los LXX influenció en su empleo en el Nuevo Testamento.[161] Por esta razón, es asombroso que el objeto de estas invocaciones no sea solamente el Padre (1 Pedro 1:17), sino que, en múltiples ocasiones, sea «Cristo resucitado» el destinatario de las mismas (Hechos 2:21; 7:59; 9:13; Romanos 10:12, 13, 14; 1 Corintios 1:2; 2 Timoteo 2:22). Esto implicaría también cierta relación con la «adoración», como muestra su uso en la Septuaginta.[162]

Bultmann intenta evadirse del problema aseverando que el sentido de estas invocaciones es que van dirigidas a Dios, «en nombre de Jesús» o «por medio de Jesús», y que consistirían en oraciones privadas.[163] Este es, seguramente, el tono de algunas de las oraciones (Efesios 5:20; Juan 14:13; 15:16; 16:24, 26). Sin embargo, éstas no constituyen la totalidad de las oraciones novotestamentarias, por lo que no deberían llevarnos a tomar una conclusión absoluta; sino que debieran complementarse con el resto de súplicas.

El problema de las conclusiones de Bultmann es que éstas no son la inferencia natural del texto bíblico, sino la acomodación de ciertos versículos a su cosmovisión e inclinación teológica. Existen versículos que, indudablemente, muestran que Cristo fue el *objeto* de las oraciones de la primitiva iglesia, y no tan sólo el *medio*. Por ejemplo, el diácono y judío helenista Esteban, mientras era apedreado dijo: «¡Señor Jesús, recibe mi espíritu!»[164] y «¡Señor, no les tomes en cuenta

---

[161] Cf. KITTEL, Gerhard; Friedrich, Gerhard; BROMILEY, Geoffrey W. *Compendio del diccionario teológico del Nuevo Testamento*. Grand Rapids, Michigan: Libro Desafío, 2002, p. 392.

[162] Cf. ROPERO BERZOSA, Alfonso. *Gran diccionario enciclopédico de la Biblia*. Barcelona: Editorial CLIE, 2013, p. 1258.

[163] BULTMANN. Teología del Nuevo Testamento, pp. 176-177.

[164] Hch. 7:59.

este pecado!»[165] Anteriormente, mencionamos también la súplica *maranatha* como una oración al Resucitado.

Encontramos en 2 Corintios 12:8 que Pablo *ruega al Señor*: «tres veces rogué al Señor que se alejara de mí [el aguijón de la carne]». El *Señor*, en este pasaje, es sin duda Cristo, puesto que la contestación del Señor a estos ruegos fue: «Bástate mi gracia, porque en [mi] poder se perfecciona en la debilidad» (2 Corintios 12:9). ¿Cuál o quién es la fuente de este poder? Seguidamente Pablo aclara: «Por tanto, gustosamente me gloriaré más bien en mis debilidades, para que resida en mí el poder de Cristo». Ese poder proviene de Cristo mismo, por tanto, las expresiones «mi gracia» y «mi poder» provienen, indudablemente, de boca de Cristo. ¡Cristo es el *Señor*!

Otras posibles oraciones a Jesús han sido examinadas con detenimiento por Wainwright.[166] Posteriormente analizaremos, exegéticamente, Juan 14:14; lo que nos llevará a esta misma conclusión.

Estas son razones suficientes para entender que las oraciones de la iglesia primitiva, también podían ir dirigidas a Cristo. A pesar de ello, como Pikaza y Silanes reconocen, la oración tiene, mayormente, una visión trinitaria; a saber, que ésta va dirigida *«al Padre, por Cristo, en el Espíritu Santo»*.[167]

C. Motivo del culto a Jesús

Se ha probado que el culto a Jesús no pudo surgir por la tardía influencia gentil, principalmente, porque no concuer-

---

[165] Hch. 7:60.
[166] WAINWRIGHT. *La Trinidad*, pp. 118-124.
[167] PIKAZA y SILANES. *Diccionario* teológico, p. 980.

da con los datos demográficos y cronológicos.[168] Por ello, proponemos analizar el motivo del culto a Jesús, centrándonos en la vida de alguien que, *a priori*, fue un judío radicalmente monoteísta, fariseo, celoso de las tradiciones y de Dios. Efectivamente: Saulo de Tarso.

Autobiográficamente, Saulo —posteriormente Pablo— se describe a sí mismo como un perseguidor de la iglesia, fariseo, celoso de Dios y de la tradición de sus Padres.[169] En el judaísmo, el partido farisaico era considerado el más estricto, como el mismo Pablo refleja: «Desde hace mucho tiempo conocen, si quieren testificarlo, que conforme a la secta más estricta de nuestra religión, yo viví como fariseo» (Hechos 26:5). Por si eso fuera poco, los expertos actuales identifican a Saulo como un fariseo *shammaíta*, es decir, el grupo más radical posible.[170] Para N. T. Wright, en Saulo, así como en toda la teología judía, existían tres puntos vitales; a saber: el monoteísmo, la elección de Israel y la escatología.[171]

Por esta razón, la despiadada y cruel persecución de Pablo contra esa nueva secta del judaísmo —puesto que no puede entenderse el incipiente cristianismo como una religión independiente— posteriormente llamada cristianismo,[172] tuvo que atentar contra uno de estos pilares. De lo contrario, no podría entenderse una persecución e indignación de tal magnitud, puesto que el judaísmo no era homo-

---

[168] HURTADO. *¿Cómo llegó Jesús…?* pp. 59-76.
[169] Gá. 1:13-14; Hch. 22:3; Fil. 3:5-6.
[170] Para una mayor explicación del término *shammaíta* y por qué se le considera a Saulo perteneciente a esta corriente, pese a que su maestro Gamaliel fuese *hillelita* —de una corriente menos estricta—, véase: WRIGHT, N. T. *El verdadero pensamiento de Pablo. Ensayo sobre la teología paulina.* Barcelona: Editorial CLIE, 2002, pp. 32-41.
[171] WRIGHT. El verdadero pensamiento de Pablo, p. 37.
[172] Hch. 11:26.

géneo en todo su pensamiento, sino diverso y tolerante.[173] Existían distintas sectas judías (*haíresis*) que, a pesar de sus diferencias, no eran perseguidas.[174]

Hurtado propone que la razón fundamental por la que Saulo perseguía a los judeo-cristianos, era la posición tan excelsa y el culto que se daba a Jesús y que, según él, sólo le correspondía a YHWH.[175] Esto comprometía su estricto monoteísmo, de modo que se vio en la obligación de poner fin a estas ideas. Pero, ¿qué aconteció para que en un solo día pasara de ser un atroz perseguidor de la iglesia, a un convencido predicador de la exaltación de Jesucristo a la diestra de Dios? ¿Cuál fue el motivo?

Sus escritos revelan un cierto interés en dar a conocer la excelsitud de Jesús. En Romanos 9:5 declara: «… vino el Mesías, *el cual es Dios sobre todas las cosas*, bendito por los siglos. Amén». También la doxología de 2 Timoteo 4:18: «Y el Señor me librará de toda obra mala, y me preservará para su reino celestial. A él sea gloria por los siglos de los siglos. Amén» es reconocida como una doxología dirigida a Jesucristo. Esto es admitido, inclusive, por aquellos que se oponen al culto a Jesús.[176] El contexto del pasaje es el que determina que el término *Señor* debe aplicarse a Jesús, pues aunque en las epístolas pastorales este título es aplicado tanto al Padre co-

---

[173] Moule llega a afirmar que: «… probablemente es un error suponer que hubo una "ortodoxia" judía en la época del Nuevo Testamento. Por otra parte, tenemos que imaginar la coexistencia de varios tipos de pensamiento y práctica» (DIGBY MOULE, Charles Francis. *El nacimiento del Nuevo Testamento*. Estella, Navarra: Editorial Verbo Divino, 1974, p. 29).

[174] Tal es el caso de los fariseos, saduceos, esenios, etcétera. No obstante, todos se consideraban judíos leales y piadosos.

[175] HURTADO. *¿Cómo llegó Jesús…?*, p. 62.

[176] Dunn, que en su obra concluye que Jesús no recibió adoración en la iglesia primitiva, reconoce que ésta es una doxología a Cristo. (Cf. DUNN. *¿Dieron culto…?*, p. 36).

mo al Hijo, en el contexto inmediato se otorga el título *Señor* al *juez justo que ha de venir*.[177] Y éste, no es otro que Jesucristo.[178]

Aun Pablo acusa al pueblo judío —cuyas doctrinas anteriormente abrazaba— de ser ciegos y tener el entendimiento velado por no reconocer a Cristo como εἰκὼν τοῦ θεοῦ (imagen de Dios) y κύριος (Señor).[179] Por esto, podemos inferir que el drástico cambio de Saulo se debe a un elemento cognitivo, en el entendimiento, de la persona de Jesucristo. Esto parece concordar con lo escrito en Gálatas 1:15-16: «Pero cuando el que me separó desde el vientre de mi madre y me llamó por su gracia, se agradó de revelar a su Hijo en mí para que lo proclamara entre los gentiles, no consulté enseguida con carne y sangre»; donde Pablo expresa que le fue revelado sobrenaturalmente una nueva perspectiva de Jesucristo como *Hijo* de Dios.

Curiosamente, la proposición «ἀποκαλύψαι τὸν υἱὸν αὐτοῦ ἐν ἐμοὶ» («revelar a su Hijo en mí»), expresa que esta revelación tuvo sus orígenes en lo más profundo de su ser. No dice «se agradó de revelar a su Hijo a mí», sino «en mí». Esto enseña que no se trató de acoger un mero conocimiento sobre algo que pudo recibir de otros —pues *no lo recibió de hombre alguno*—, sino de una revelación, convicción y certeza que se produjo en su interior.[180] Podría decirse que «El Hijo tiene que ser revelado en lo más recóndito del ser por el Espíritu Santo».[181] Por tanto, la experiencia de Pablo en Da-

---

[177] 2 Ti. 4:8
[178] WAINWRIGHT. *La Trinidad*, pp. 116-117.
[179] 2 Co. 3:7- 4:6.
[180] Cf. BEYER, Hartmut. *Carta a los Gálatas. Notas Exegéticas*. Las Palmas de Gran Canaria: Editorial Mundo Bíblico, 2009, p. 98.
[181] Cf. VOS, Howard F. *Gálatas. Una Llamada a la Libertad Cristiana*. Grand Rapids, Michigan: Publicaciones Portavoz Evangelio, 1981, p. 32.

masco —como parece señalar el tiempo aoristo «ἀποκαλύψαι»—, no fue sólo una aparición (φανερόω), sino una revelación (ἀποκαλύπτω). Como Hurtado admite: «la conversión de Pablo parece haber sido un cambio radical de sus ideas acerca de Jesús».[182]

Esto indica que la devoción a Jesús fue el fruto de una revelación divina en el interior de la persona, cuyos elementos cognitivos principales son el entendimiento de la exaltación y de la gloria que Dios Padre ha brindado a su unigénito Hijo.[183]

Si la conversión de Saulo sucedió poco después de la muerte de Jesús —como la mayoría de expertos concuerdan—, uno o dos años más tarde[184] o a lo más tres,[185] debe eliminarse entonces la posibilidad de que aquello que motivó el culto a Jesús fuese la influencia gentil y pagana.

Por otro lado, Pablo no hace referencia a esta forma de entender a Jesús como algo novedoso dentro del cristianismo, sino como un rasgo característico y necesario del mismo. Tanto es así que Pablo recuerda, en múltiples ocasiones, que él no anuncia un evangelio nuevo o diferente, sino el mismo que anunciaban los otros apóstoles de Jesús.[186] Esto avala que el culto a Jesús surgió en el contexto judeo-cristiano, sin ninguna influencia del paganismo gentil y por una revela-

---

[182] HURTADO. ¿Cómo llegó Jesús…? p. 63.
[183] En esta línea de pensamiento se encuentra Larry Hurtado (Cf. HURTADO. ¿Cómo llegó Jesús….?)
[184] Cf. HURTADO. ¿Cómo llegó Jesús…? p. 65.
[185] BROWN, Raymond E., FITZMAYER, Joseph A. y MURPHY, Roland E. Comentario Bíblico San Jerónimo. Tomo III. Nuevo Testamento I. Madrid: Ediciones Cristiandad, 1972, p. 474.
[186] 1 Co. 15:1-11; Gá. 1:6-10. De hecho, si el mensaje hubiera sido diferente al anteriormente predicado por los apóstoles, estos hubieran reaccionado, pero no lo hicieron.

ción divina. Hurtado explica que: «ya *en ese momento* la devoción a Jesús debía ser lo suficientemente llamativa (audaz, incluso) como para hacer que este antes ferviente fariseo se decidiera a destruir lo que consideraba una innovación inaceptable en la religión judía del Segundo Templo».[187]

Esta sería una explicación acorde con los datos demográficos y cronológicos de una temprana devoción a Jesús. El motivo del culto sería entonces una revelación divina sobre la persona de Jesucristo —no meramente como un conocimiento superficial al alcance humano —, que cambiaría, radicalmente, el ser interior de la persona objeto de dicha revelación.

D. *ALGUNOS TESTIMONIOS EXTRABÍBLICOS*

La Didajé no habla del culto a Jesús. Por el contrario, dirige todas sus oraciones al Padre —exceptuando la expresión *maranatha* que se encuentra tan solo en una ocasión (*Didaché* 10:6) —, colocándolo a su vez como el foco central y único de todas sus doxologías. Jesús es presentado, en esta obra, como Siervo de Dios a través del cual Dios se ha revelado y por medio del cual podemos orar y dar gloria al Padre.[188] Para algunos expertos, la invocación *maranatha* contenida en este texto: «… muestra el puesto fundamental de Jesús en la liturgia y la esperanza cristiana primitiva»,[189] lo cual, no carece de sentido.

También, la Primera Epístola de Clemente a los corintios —datada a finales del siglo I o principios del II —, sigue este

---

[187] HURTADO. *¿Cómo llegó Jesús…?* p. 65. La cursiva es original.
[188] Puede leerse la *Didajé* en griego y castellano en la obra: RUIZ BUENO. *Padres apostólicos*, pp. 77-94.
[189] HURTADO. *Señor Jesucristo*, p. 696.

mismo patrón en todas sus doxologías, dirigiendo la adoración siempre al Padre, a través de Jesucristo.[190]

Los Hechos Apócrifos de los Apóstoles son mucho más propicios a dirigir las oraciones a Jesús directamente.[191] Hurtado advierte que en estos textos las oraciones a Jesús son comunes.[192]

El más antiguo autor romano que menciona a Jesús es Plinio el Joven —en su carta al emperador Trajano—, donde dice que los cristianos cantaban himnos a Cristo como a un dios.[193] Este es un testimonio interesante sobre la posición que Cristo ocupaba a principios del siglo II. Además, la formación de himnos, así como su uso litúrgico, no surgen de forma espontánea. Requieren de una base teológica anterior y de una aceptación comunitaria.

Dunn afirma que: «la idea de cantar alabanzas a Cristo se consideraba igual que dar gracias a Dios en el nombre de Cristo».[194] Es decir, que el fin último era la gloria de Dios Padre. Esto tiene el respaldo de los himnos novotestamentarios, donde en cada uno de ellos podemos ver esta inclinación a glorificar al Padre por medio de Jesucristo (Filipenses 2:6-11; Colosenses 3:16-17; Efesios 1:3-10; 5:19-20). Lo real-

---

[190] Puede encontrarse una buena traducción de la carta en castellano en: LIGHTFOOT, J. B. *Los Padres Apostólicos*. Terrassa, Barcelona: Editorial CLIE, 1990, pp.67-108.

[191] Pueden leerse en: KLAUCK, Hans-Josef. *Los Hechos apócrifos de los Apóstoles: una introducción*. Santander: Editorial Sal Terrae, 2008; Cf. también BULTMANN. *Teología del Nuevo Testamento*, p. 176.

[192] HURTADO. *Señor Jesucristo*, p. 697.

[193] Datado del año 111-112 d. C. (HURTADO. *Señor Jesucristo*, p. 180). Aunque algunos sustituyen el «como a un dios» por «como a Dios», esto no es justo. Tal es el caso de: LACUEVA. *La persona y la obra de Jesucristo*, p. 99. Cf. también con: ALVAR, Jaime; et al. *Cristianismo primitivo y religiones mistéricas*. Madrid: Ediciones Cátedra, 1995, p. 82.

[194] DUNN. *¿Dieron culto...?*, p. 54.

mente cautivador de la incipiente liturgia cristiana es que Cristo apareció unido a Dios-Padre en himnos que otros pudieron considerar que debían ir dirigidos exclusivamente a Dios-Padre. Seguramente, esta sea la forma en que debamos entender los himnos cristianos a los que Plinio hace referencia.

Los testimonios patrísticos primitivos avalan la circunstancia de que los himnos iban dirigidos principalmente al Padre, por medio de Jesucristo. Ignacio de Antioquía, a principios del siglo primero, escribe: «Pero también los particulares o laicos habéis de formar un coro, a fin de que, unísonos por vuestra concordia y tomando en vuestra unidad la nota tónica de Dios, *cantéis a una voz al Padre por medio de Jesucristo*, y así os escuche y os reconozca, por vuestras buenas obras, *como cánticos entonados por su propio Hijo*».[195]

Aun los cánticos de alabanza más sublimes al Cristo resucitado y exaltado (Apocalipsis 5:13) parecen tener esta inclinación, pues se dan conjuntamente «al que está sentado en el trono, y al Cordero».

Quizás, esta sea la forma correcta en que debamos entender la praxis litúrgica primitiva, pues aun los himnos novotestamentarios, en los que Cristo puede entenderse como objeto de esas alabanzas, tienen el fin último de glorificar al Padre.

---

[195] Las cursivas no son originales, sino añadidas aquí para enfatizar (RUIZ BUENO. *Padres apostólicos*, p. 450).

E. «*ΕΑΝ ΤΙ ΑΙΤΗΣΗΤΕ ΜΕ ΕΝ ΤΩ ΟΝΟΜΑΤΙ ΜΟΥ ΕΓΩ ΠΟΙΗΣΩ*» *JN. 14:14*

Las versiones basadas en el *Textus Receptus*[196] omiten el pronombre personal «με» (*me*),[197] por lo que el significado de la oración cambiaría por completo. En caso de que omitiéramos el *με*, el *objeto* de las oraciones sería el Padre, y el *medio* de la oración sería el nombre de Cristo. Pero los recientes descubrimientos, de manuscritos más fidedignos y antiguos, han hecho que éste (el *Receptus*) deje de ser la fuente principal de las traducciones.[198]

La versión crítica Nestlé-Aland (28° ed.) introduce la partícula *με*. De igual manera, los *Codex Sinaiticus* y *Vaticanus* — los más antiguos hasta el momento — lo respaldan. El *Codex Alejandrinus* omite el pronombre: «εαν τι αιτησητε εν τω ονοματι μου τουτο ποιησω», pero éste es más tardío (siglo V). El Papiro 66 —fechado alrededor del año 200 —, también

---

[196] Es el texto griego del Nuevo Testamento que Erasmo de Rotterdam editó en el siglo XVI. Su obra se basaba en unos pocos manuscritos de no antes del siglo X-XI de nuestra Era. No obstante, ha sido demostrado, con los nuevos hallazgos, que el *Textus Receptus* no es la mejor fuente para las modernas traducciones (Cf. PÉREZ MILLOS, Samuel. *Comentario exegético al texto griego del Nuevo Testamento. Hebreos*. Viladecavalls, Barcelona: Editorial CLIE, 2009, pp. 32-34). Al respecto léase el interesante "Prólogo" de la *Biblia Textual*. Nasville, Tennesse: Sociedad Bíblica Iberoamericana-Holman Bible Publishers, 1999, pp. VII-X.

[197] Por ejemplo, la RV60 traduce: «Si algo [me] pidiereis en mi nombre, yo lo haré», omitiendo así el pronombre personal, y haciendo a Dios Padre el objeto de las oraciones.

[198] Cf. PÉREZ MILLOS. Comentario exegético al texto griego del Nuevo Testamento. Hebreos, pp. 32-34; QUEZADA DEL RÍO, Javier. Los hechos de Dios: ¿qué es la Biblia?: por qué y cómo leerla (2ª Edición). México: Universidad Iberoamericana, 2007, pp. 133-139.

incluye el *με*; lo que parece indicar que también se encontraba en los autógrafos.[199]

Se concluye que la mayoría de manuscritos donde aparece este texto contienen el *με*. Esto cambiaría por completo el sentido del versículo, que en este caso, abriría la posibilidad no sólo de tener a Jesús como el medio de la oración, sino también como el objeto de la misma: «Si algo *me* pedís en mi Nombre, Yo lo haré».

Para Bultmann, las invocaciones al Señor, patentes en el Nuevo Testamento, no serían realmente oraciones litúrgicas dirigidas a Cristo, ya que, mayormente todas estas invocaciones van dirigidas a Dios Padre. Para él, difícilmente puede verse en este texto un testimonio a favor de cómo las oraciones litúrgicas de la comunidad primitiva iban dirigidas a Cristo.[200] Pero las pruebas lingüísticas confirman lo contrario. Juan está, de nuevo, rescatando las enseñanzas de Jesús sobre la oración para la comunidad cristiana de su tiempo. Por tanto, si las palabras de Jesús son ciertas, la posibilidad de dirigir las oraciones a él no sólo estaba abierta para los discípulos —destinatarios inmediatos de estas palabras—, sino para las posteriores generaciones.

De hecho, discrepamos con la tesis del católico J. A. Jungmann —en la que defiende que, para la tradición cristiana, tener como objeto de la oración al Padre era primordial y que, por tanto, la oración litúrgica nunca debe ser

---

[199] Pueden consultar todos estos códices y manuscritos, así como sus respectivas diferencias en: http://nttranscripts.unimuenster.de/AnaServer?NTtranscripts+0+start.anv [Consulta: 30 de noviembre de 2014].

[200] BULTMANN. Teología del Nuevo Testamento, p. 176.

dirigida a Cristo—.[201] A pesar de estar de acuerdo con que las oraciones tenían como objeto principal al Padre, no concordamos con la exclusividad absoluta del Padre en la oración; pues como vemos aquí, y como posteriormente verificaré, Cristo ya era objeto de la oración litúrgica en la iglesia primitiva —aunque reconocemos que en escasas ocasiones—.

F. ANÁLISIS DE TÉRMINOS CÚLTICOS

De nuevo no podremos abordar, en este estudio, toda la terminología relacionada con el culto debido a la limitada extensión exigida para este trabajo. No obstante, Dunn ha conseguido desarrollar un fascinante análisis crítico de toda esta terminología, a la cual remitimos.[202]

• *Latreuo* (λατρεύω).[203] Como señala MacArthur: «*Latreuo* habla del tipo de veneración reverente reservado únicamente a Dios».[204] Es el servicio sagrado o culto dedicado en exclusiva, únicamente, a Dios.[205] Por tanto, resulta curioso

---

[201] JUNGMANN, Joseph Andreas. *The Place of Christ in Liturgical Prayer*. Collegeville, Minnesota: Liturgical Press, 1989.

[202] En su obra ya citada y que recomendamos: ¿Dieron culto a Jesús los primeros cristianos?

[203] El término se traduce como «servir» o «dar culto». En los *LXX* se usa, particularmente, en actos cultuales —aunque no fue así en el griego extrabíblico— y, en el N. T. siempre con la connotación del servicio a Dios (Cf. KITTEL, Gerhard; FRIEDRICH, Gerhard; BROMILEY, Geoffrey W. *Compendio del diccionario teológico del Nuevo Testamento*. Grand Rapids, Michigan: Libro Desafío, 2002, pp. 493-495).

[204] MACARTHUR. *El ministerio pastoral*, p. 298.

[205] DUNN. *¿Dieron culto...?* p. 23; ROPERO BERZOSA. *Gran diccionario enciclopédico de la Biblia*, p. 539; BALZ, Horst y Gerhard SCHNEIDER. *Diccionario exegético del Nuevo Testamento*. Tomo II. Salamanca: Ediciones Sígueme, 1998, pp. 30-32.

notar que dicho vocablo nunca se utiliza en el Nuevo Testamento en referencia a Jesús.[206] Comete un error MacArthur al asegurar que Cristo recibe *latreuo*, usando como referencia Romanos 14:18.[207] El término *latreuo* es inexistente en este pasaje. El versículo dice: «ὁ γὰρ ἐν τούτῳ δουλεύων τῷ Χριστῷ εὐάρεστος τῷ θεῷ καὶ δόκιμος τοῖς ἀνθρώποις» (Nestle-Aland 27th). El verbo usado es δουλεύων y no *latreuo*. El significado de δουλεύων no está relacionado con la adoración, sino con el servicio que en muchos casos daban los esclavos a sus amos.[208]

Hechos 7:7 declara: «Pero Yo juzgaré, dijo Dios, a la nación a la cual servirán (*douleúo*) como esclavos, y después de estas cosas, saldrán y me servirán (*latreuo*) en este lugar». Observamos que el término *douleúo*, con el que MacArthur intenta convencernos de la posibilidad de adorar al Hijo, es usado en referencia al servicio que los hombres dan a otros hombres, marcando el escritor una clara diferencia con el servicio/adoración (*latreuo*) reservada, únicamente, para Dios Padre.[209]

Así mismo, debe diferenciarse este vocablo con el término λειτουργέω, que sí es aplicado a Jesús, pero nada tiene que ver con el servicio o culto exclusivo a Dios. Esta palabra es aplicada también al servicio que hombres dan a otros hombres (Romanos 15:27) y en el griego clásico tenía la connotación

---

[206] Este es un hecho admitido por Wainwright (*La Trinidad*, p. 126), y por Dunn (*¿Dieron culto...?* p. 23), etcétera.

[207] MACARTHUR. *El ministerio pastoral*, p. 298.

[208] Jn. 8:33; Hch. 7:7; Ro. 9:12; Gá. 4:25; etcétera.

[209] Para una aclaración más amplia sobre la diferencia entre estos dos términos, léase: BURDETTE, Dallas R. *Biblical Preaching and Teaching: Jesus and Our Privileges. Volume 1*. United Longwood, Florida: Xulon Press, 2009, pp. 392-394; BALZ, Horst y Gerhard SCHNEIDER. *Diccionario exegético del Nuevo Testamento*. Tomo II. Salamanca: Ediciones Sígueme, 1998, p. 30.

de un servicio público, un funcionario, un oficio o cargo normal.[210] Por ello, el *Diccionario de palabras griegas* de Vine, insiste que *latreuo* debe distinguirse de *leiturgeo*, «que tiene que ver con el desempeño de un cargo, el cumplimiento de una función, algo de un carácter representativo (en castellano, liturgia)».[211] Balz señala que esta expresión griega se utiliza usualmente en sentido profano, mostrando los servicios a favor del pueblo y las cuestiones jurídicas de los impuestos, así como otras obligaciones generales.[212]

Algunos ven en Apocalipsis 22:3 una adoración (*latreuo*) dirigida al Cordero.[213] Sin embargo, la gramática del texto no implica tal cosa, pues el pronombre personal, que indica a quién va dirigida tal adoración, está en singular «αυτου»; mientras que el versículo menciona «el trono de Dios y del Cordero», marcando claramente la diferencia entre ambos. Por tanto, la adoración (*latreuo*), en este caso, parece que va dirigida al Padre; lo que encaja con la norma y modelo de todo el libro de Apocalipsis e, incluso, de los textos joánicos y neotestamentarios. Lo contrario, no sólo supondría una excepción, sino un uso insólito e inusitado. Por esto, muchos expertos reconocen que esta adoración está claramente dirigida a Dios-Padre.[214]

---

[210] VINE, W. E. *Diccionario expositivo de palabras del Nuevo* Testamento. Terrassa, Barcelona: Editorial CLIE, 1989, pp. 13-14; BALZ, Horst y Gerhard SCHNEIDER. *Diccionario exegético del Nuevo Testamento*. Tomo II. Salamanca: Ediciones Sígueme, 1998, p. 1696.
[211] VINE. Diccionario expositivo de palabras del Nuevo Testamento, p. 13.
[212] BALZ, Horst y Gerhard SCHNEIDER. *Diccionario exegético del Nuevo Testamento*. Tomo II. Salamanca: Ediciones Sígueme, 1998, pp. 42-43.
[213] ROBERTSON. Comentario al texto griego del Nuevo Testamento, p. 706.
[214] DUNN. *¿Dieron culto...?* pp. 22-24; WAINWRIGHT. *La Trinidad*, pp. 126-127.

El evangelista Mateo presenta a un Jesús que reclama y exige que este tipo de adoración (*latreuo*) se dirija solamente al Padre: «y a Él solo servirás [*latreuseis*]» (Mateo 4:10). Por eso, resulta extraño que sea el Cordero quien reciba la adoración en Apocalipsis 22:3. Como mucho, se podría considerar la idea de que Cristo sea objeto de una adoración compartida con Dios-Padre; por cuanto fue Mediador en el plan de Dios para liberarnos de la maldición: «Y ya no habrá más maldición, sino que el trono de Dios y del Cordero estará en ella, y sus siervos le servirán» (cf. Gálatas 3:10-13).

- *Proskuneo* (προσκυνέω).[215] Algunos se apresuran a declarar que el aspecto realmente importante de este vocablo es que se aplica a Jesús como una adoración dada a Dios.[216] Sin embargo, no debe entenderse este término como una adoración exclusiva a Dios. De hecho, los *LXX* utiliza este vocablo en referencia al reconocimiento —no por ello adoración— que los hombres dan a los ángeles (Génesis 18:2; 19:1); a otros hombres (Génesis 23:7, 12; 33:3); a reyes o gobernantes (1 Samuel 24: 8-9; Génesis 42:6; 43:28); a profetas (2 Reyes 2:15), etcétera. En el griego no bíblico, este término se usa no sólo en relación a la adoración a dioses, sino también a una simple muestra de aprecio.[217]

Con esta connotación ha de aplicarse tal expresión a Jesús, al menos durante su ministerio terrenal.[218] En el contexto

---

[215] Aparece 59 veces en el Nuevo Testamento y 90 en la Septuaginta (Cf. KÜEN, Alfred. *El culto en la Biblia y en la historia*. Vol. 5. Barcelona: Editorial CLIE, 1994, p. 57).

[216] Cf. PIKAZA y SILANES. *Diccionario teológico*, p. 6.

[217] BALZ, Horst y Gerhard SCHNEIDER. *Diccionario exegético del Nuevo Testamento*. Tomo II. Salamanca: Ediciones Sígueme, 1998, p. 1200.

[218] Ni Bultmann, ni Bauckham, ni Dunn, ni Hurtado, ni Räisänen, ni ningún otro estudioso del origen histórico del culto a Cristo consideran que los términos, cúltico-litúrgicos, presentes en los Evangelios en referencia a Jesucris-

radicalmente monoteísta en que nació Jesús —como ya aclaramos en capítulos anteriores—, no podemos entender esta veneración de otra forma que como un reconocimiento de la autoridad y poder de Jesús; ante quien por regla general, se postraban —como gesto de súplica y petición— para conseguir el favor de Jesús en el sentido de beneficiarse. Pero, en verdad, ni el círculo íntimo de Jesús percibió su divinidad hasta después de su resurrección.[219] Por tanto, ¿qué razón tenemos para pensar que este término evoca una adoración dirigida al Dios Uno?

Es más, Jesús, durante su ministerio terrenal, se encargó de recordar que esta devoción (*proskuneo*) —en los términos más sublimes— debía darse exclusivamente al Padre (Mateo 4:10; Lucas 4:8; Juan 4:21, 24). Igualmente, Pablo añade que cuando un incrédulo reconoce el poder divino, debe postrarse en adoración a Dios Padre (1 Corintios 14:25).[220]

Mención especial merece el libro de Apocalipsis, donde el verbo *proskyneîn* aparece en algún caso referido a Jesús —aunque mayoritariamente se dirige al Padre—.[221] En estos casos, la adoración se dirige a Jesús como *Cordero* y, como dato importante, cabe señalar que: cuando la devoción es dada al *Cordero*, nunca se da de forma independiente y exclusiva, sino por la participación en una posición muy excelsa a la diestra del trono de Dios.[222] Jesús ha sido puesto en una po-

---

to encarnado pre-pascual, deban interpretarse como adoración a Dios Padre; ya que no encajaría con el contexto monoteísta de su tiempo ni existen razones consistentes para pensar así. Todo indica que la adoración a Jesucristo comenzó después de su resurrección y exaltación a la diestra de Dios.
[219] Mt. 16:23; Mc. 9:19; 16:14; Lc. 9:54-56; Jn. 8:19; 14: 7, 9, 10, 20; 20:27.
[220] Ya vimos anteriormente cómo debe entenderse el término *theos*: Dios Padre.
[221] Ap. 4:10; 5:14; 7:11-12; 11:1, 16; 14:7; 15: 3-4; 19: 4, 10; 22: 8-9.
[222] Ap. 5: 11-13.

sición digna de recibir culto, por cuanto *fue* (voz pasiva) *in-molado* y con su sangre nos redimió para Dios (Apocalipsis 5:9). Dios Padre puso a Jesús en propiciación —esta es la idea de Pablo en Romanos 3:25— y, por medio del sacrificio de Cristo, el Padre mostró su amor para con nosotros (Romanos 5:8).

Por tanto, concluimos que Jesucristo es objeto de *prosky-nesîn;* pero en última instancia, esta devoción es para glorificar al Dios y Padre que está en el trono y le ha dado al *Cordero* tan eminente posición. Esto queda claramente demostrado en el himno kenótico;[223] en el cual la devoción y reconocimiento que se tributa a Cristo como *Señor* —donde toda rodilla se doblará y toda lengua le confesará—, tiene como fin último la gloria de Dios Padre[224] (Filipenses 2:11). Por otra parte, es cuestionable si Cristo es aquí el destinatario del himno o más bien el contenido, puesto que las expresiones: «por lo cual Dios [el Padre] también lo exaltó hasta lo sumo, y le dio el Nombre que es sobre todo nombre» y el «para gloria de Dios Padre» final, parecen indicar que Cristo es más bien el *contenido* que el *objeto.*[225]

Especial mención merece Apocalipsis 19:10; 22: 8-9, donde se limita la adoración a Dios; entendiéndose *Dios,* claramente, como el Padre y diferenciándose de Jesucristo. De hecho, el término *theos* es usado en todo el Apocalipsis —en las 95

---

[223] El himno del vaciamiento del Hijo de Dios: Fil. 2:6-11. En éste podemos ver cómo se usa la palabra *proskuneo.*

[224] Algunos no se percatan de ello y, subjetivamente, sólo ven adoración al Cristo glorificado (Cf. KÜEN. *El culto,* p. 159).

[225] Esta es la línea que sigue Dunn al afirmar que: «Cristo es más el tema de las alabanzas y de los himnos, el contenido del culto cristiano primitivo, que el destinatario del culto y de la alabanza» (Cf. DUNN. *¿Dieron culto...?* p. 187).

ocasiones en que aparece — con referencia exclusiva al Padre.[226]

Los expertos exégetas en Nuevo Testamento, Horst Balz y Gerhard Scheneider, a pesar de sus inclinaciones ideológicas, reconocen la dificultad de asegurar que, en el primer siglo, Jesucristo fuese objeto de una adoración genuina por medio de ese término (*proskynesis*).[227] Como resume Wainwright: «La ambigüedad de la palabra προσχυνεῖν que puede expresar lo mismo sumisión oriental que adoración tal como la entendemos ahora, hace imposible sacar cualquier conclusión cierta de los testimonios».[228]

G. Análisis de la expresión «Por medio de» (Gr. «ΔΙΑ») Jesucristo

El vocablo «δια» es una preposición que expresa el medio, canal o ámbito a través del cual se produce un suceso.[229] En referencia a Jesús, puede usarse en forma genitiva con sentido causal, es decir, haciendo a Jesús la causa del suceso. Por ejemplo:

Romanos 1:8: «Primeramente, doy gracias a mi Dios *por medio* de Jesucristo por todos vosotros, por cuanto vuestra fe es cosa conocida en todo el mundo». Jesús es la causa por la

---

[226] De hecho, Wainwright, cuando analiza cómo el término *theos* es aplicado a Jesucristo en los textos neotestamentarios no hace ninguna referencia a Apocalipsis (Cf. WAINWRIGHT. *La Trinidad*, pp. 71-93).

[227] BALZ, Horst y Gerhard SCHNEIDER. *Diccionario exegético del Nuevo Testamento*. Tomo II. Salamanca: Ediciones Sígueme, 1998, p. 1203.

[228] WAINWRIGHT. *La Trinidad*, p. 128.

[229] Cf. BALZ, Horst y Gerhard SCHNEIDER. *Diccionario exegético del Nuevo Testamento*. Tomo I. Salamanca: Ediciones Sígueme, 1996, p. 894.

que Pablo puede dar gracias a Dios motivado por sus hermanos.

2 Corintios 1:20: «Porque todas las promesas de Dios en Él son el Sí; y, por tanto, también por medio Él el amén a Dios, para gloria suya por medio de nosotros». Por causa de Cristo podemos decir «amén» a Dios Padre y darle gloria.

1 Pedro 4:11: «…para que en todo sea Dios glorificado por medio de Jesús el Mesías, a quien pertenecen la gloria y el poder por los siglos de los siglos, amén». Cristo es la causa por la que el Padre puede ser glorificado a través de nosotros.

Hebreos 13:15: «Ofrezcamos siempre, por medio de Él, sacrificio de alabanza a Dios, es decir, fruto de labios que confiesan su Nombre». La alabanza dirigida a Dios, siempre debe ser ofrecida por causa de Cristo. Además, Jesús ahora es nuestro sumo sacerdote. Kistemaker aclara: «Para acercarnos a Dios el Padre debemos hacerlo por medio del Hijo (Juan 14:6)».[230]

En otras ocasiones funciona en sentido instrumental, esto es, siendo Cristo el agente mediante el cual se produce un suceso. En Colosenses 1:20, Cristo es el instrumento de Dios para reconciliar todas las cosas. En Romanos 5:1-2 y Hebreos 7:25, Jesús es presentado como el medio por el cual los hombres tienen derecho a la gracia y pueden acercarse a Dios en paz.

También se usa en acusativo, como por ejemplo en Hebreos 9:15, indicando así que la sangre derramada de Cristo es la razón, el motivo o la causa de que exista un Nuevo Pac-

---

[230] KISTEMAKER, Simon J. *Comentario al Nuevo Testamento: Exposición de la Epístola de Hebreos*. Grand Rapids, Michigan: Libros Desafío, 1991, p. 386.

to; donde Jesús ha sido constituido mediador entre Dios y los hombres.

Estos son ejemplos suficientes para comprender cuál es el sentido de la expresión «por medio de Jesucristo». Es, Jesús resucitado, el medio o el instrumento de Dios *por el cual* le ha sido dado, a los creyentes, acceso a la nueva vida escatológica de Dios, por quien tienen acceso a él; por medio del cual pueden glorificarle y ofrecerle alabanzas; a través de quien pueden darle gracias y acceder a la gracia. Jesús es el único camino al Padre.[231]

H. DOXOLOGÍAS A CRISTO

El término *dóxa* significa «dar gloria» y, normalmente, se usa en el Nuevo Testamento en referencia al Padre.[232] Resulta llamativo, por tanto, que se encuentren doxologías dirigidas a Cristo (Romanos 9:5; 2 Timoteo 4:18; 2 Pedro 3:18; Apocalipsis 1:5-6; 5:9-12). Para Bauckham: «La atribución de doxologías a Cristo es particularmente clara evidencia de un inequívoco culto divino, es decir, la adoración que es apropiadamente ofrecida sólo al único Dios».[233] Wainwright considera que la presencia de doxologías dirigidas a Cristo es evidencia de que Jesús *había logrado una aceptación general en el culto.*[234]

---

[231] Jn. 14:6

[232] Cf. WAINWRIGHT. *La Trinidad*, p. 115; DUNN. *¿Dieron culto...?* pp. 34-37.

[233] La cita literal en inglés es: «The attribution of doxologies to Christ is particularly clear evidence of unambiguosly divine worship, i.e. worship that is appropriately offered only to the one God» (BAUCKHAM, Richard. *Jesus and the God of Israel: God Crucified and Other Studies on the New Testament's Christology of Divine Identity.* Grand Rapids, Michigan: Eerdmans, 2009, p. 132).

[234] WAINWRIGHT. *La Trinidad*, p. 117.

No podremos desarrollar un análisis de cada una de estas doxologías; sin embargo, éstas ya fueron estudiadas en otras obras.[235] De todos modos, por norma general, los expertos no dudan que tanto 2 Pedro 3:18, como Apocalipsis 1:5-6 y 5:12, son doxologías dirigidas claramente a Cristo.[236] Como ya vimos anteriormente, existen más discrepancias en cuanto a Romanos 9:5 o 2 Timoteo 4:18.

De igual forma, es innegable que Cristo es objeto de doxologías que, anteriormente, iban dirigidas únicamente a Dios. Éstas fueron escritas de forma litúrgica y, seguramente, para ser usadas en el culto.[237]

---

[235] Véase, WAINWRIGHT. *La Trinidad*, pp. 115-117.
[236] Véanse las notas a pie de página de RÄISÄNEN. *El Nacimiento de las Creencias Cristianas*, p. 330 y de DUNN. *¿Dieron culto...?* p. 36. También compruébese BULTMANN. *Teología del Nuevo Testamento*, p. 176; WAINWRIGHT. *La Trinidad*, pp. 115-117.
[237] WAINWRIGHT. *La Trinidad*, p. 115.

PARTE III

¿CULTO AL ESPÍRITU SANTO?

Ya que la controversia actual se centra sólo en la persona de Jesucristo, el culto al Espíritu Santo queda algo eclipsado. Con todo, es esencial recuperar esta reflexión, pues no se puede llegar a un entendimiento adecuado de la dimensión trinitaria del culto, si no se conoce, con precisión, el factor que juega en él la tercera Persona Divina.

Es incuestionable el hecho de que la iglesia primitiva no adoró al Espíritu Santo como tal. No existe ni la más mínima evidencia de peso en los escritos canónicos; ni tampoco fuera de ellos hasta el siglo IV. El silencio en cuanto al mismo es sobrecogedor, pues, si el Espíritu Santo era considerado por la iglesia primitiva como parte de la identidad única del Dios verdadero —al igual que actualmente el cristianismo trinitario lo acepta—, ¿por qué *no* lo adoraron como tal? Y ¿por qué *sí* lo hicieron expresamente al Hijo y, principalmente, al Padre?

A. ORIGEN HISTÓRICO

Es difícil situar con precisión un momento específico donde se aprobara y se practicara la devoción al Espíritu Santo. A diferencia del culto a Cristo, no podemos ver un desarrollo evolutivo, ni siquiera un «*big bang*»[238] del culto al Espíritu Santo en la iglesia primitiva. Verdaderamente, podemos vislumbrar en la primigenia iglesia un culto binitario[239] —al Padre y al Hijo—, pero nuestros esfuerzos resultarían inútiles o carentes si tratáramos de dar una justificación bíblica al culto a la tercera Persona de la Trinidad.[240]

1. «Οἱ πνεύματι θεοῦ λατρεύοντες» Filipenses 3:3

¿Es Filipenses 3:3 una prueba de adoración o culto al Espíritu Santo? En los *Codex Alexandrinus* (s. V) y *Codex Vaticanus* (s. IV), así como en la versión crítica Nestle-Aland (27th) aparece de esta forma: «ἡμεῖς γάρ ἐσμεν ἡ περιτομή, οἱ πνεύματι θεοῦ λατρεύοντες καὶ καυχώμενοι ἐν Χριστῷ Ἰησοῦ καὶ οὐκ ἐν σαρκὶ πεποιθότες»,[241] (nosotros pues somos la circuncisión, los Espíritu Dios dando servicio sagrado y jactándonos en Ungido Jesús y no en carne habiendo confiado).

Encontramos aquí tres participios con artículo (*οἱ πνεύματι θεοῦ λατρεύοντες/ καὶ καυχώμενοι ἐν Χριστῷ Ἰησοῦ/ καὶ οὐκ ἐν σαρκὶ πεποιθότες*), que se traducen como oraciones de relativo, es decir, «los que» más «verbo».

---

[238] Por usar la terminología de Hurtado, quien quiere dar a entender que la evolución cristológica fue colosalmente rápida (Cf. HURTADO. *Señor Jesucristo*, p. 166).

[239] Hurtado explica cómo en los inicios del movimiento cristiano existía lo que él ha descrito «un esquema binitario» de devoción y culto (Cf. HURTADO. *Señor Jesucristo*, pp. 165-186).

[240] Wainwright concluye tras analizar si el Espíritu Santo fue objeto de culto, que no podemos ver evidencia en el N.T. de oraciones o adoración dirigida al Espíritu (WAINWRIGHT. *La Trinidad*, pp. 274-275).

[241] Pueden consultarse estos manuscritos, así como las variantes en la página web: http://nttranscripts.uni-muenster.de/AnaServer?NTtranscripts+0+start.anv [En línea: consultado el 30/11/2014].

1ª proposición: οἱ πνεύματι θεοῦ λατρεύοντες

Este sintagma de participio, efectivamente está compuesto por un artículo en nominativo plural masculino, un sustantivo en dativo singular y otro en genitivo singular, más el núcleo, que es el participio de presente —por lo que tiene la connotación de acción continua— en masculino plural, que concuerda con el artículo (οἱ... λατρεύοντες).

El verbo λατρεύω literalmente significa servir, ser siervo o estar a servicio (con dativo) —que como ya se aclaró anteriormente, en el Nuevo Testamento se usa sólo en sentido de servicio religioso o culto dado a Dios—.[242] La traducción sería: «los que están» —que al venir hablando de *nosotros* (gr. ημεις), debiera traducirse más bien como: «los que estamos»— sirviendo/ al servicio del Espíritu de Dios.

2ª proposición: καὶ καυχώμενοι ἐν Χριστῷ Ἰησοῦ

En este sintagma de participio, el participio tiene forma de voz media, pero se traduce por voz activa —al igual que en el caso anterior— con connotación de actividad continua.

Significa *gloriarse* o *ufanarse en alguien* (con dativo). Ἰησοῦ funciona como dativo —es un sustantivo irregular en el que dativo y genitivo coinciden— así que la traducción es: «Los que —siguiendo con la correlación con el artículo masculino de antes— nos gloriamos en Cristo Jesús».

3ª proposición: καὶ οὐκ ἐν σαρκὶ πεποιθότες

Este sintagma de participio tiene aspecto perfecto; lo que indica que es una acción pasada que sigue teniendo efecto hoy día. La idea que expresa es que *dejamos de confiar en la carne y seguimos sin confiar*. El verbo con dativo significa *con-*

---

[242] Cf. con *Monoteísmo Judío del período romano*, en el punto I de la investigación.

fiar en o *fiarse de*. Por tanto, el significado sería: «y no hemos confiado en la carne».

Una traducción posible sería: «nosotros, pues, somos la circuncisión, los que estamos al servicio del Espíritu de Dios y nos gloriamos en Cristo Jesús y no hemos confiado en la carne». Sin embargo, existen pequeñas variantes en los distintos manuscritos, que pueden justificar diversas traducciones.

En el papiro P46 —aproximadamente del 200 d. C. — aparece esta versión: «ἡμεῖς γάρ ἐσμεν ἡ περιτομή, οἱ πνεύματι λατρεύοντες καὶ καυχώμενοι ἐν Χριστῷ Ἰησοῦ καὶ οὐκ ἐν σαρκὶ πεποιθότες», omitiendo así el θεοῦ. Por tanto, se traduciría por: «nosotros, pues, somos la circuncisión, los que en el espíritu servimos y nos gloriamos en Cristo Jesús y no hemos confiado en la carne».

En el *Codex Sinaiticus* (s. IV), también existen variantes que permiten dos traducciones distintas.[243] En este caso, θεοῦ es sustituido por θῡ, donde la u es contracta —pues une dos o más vocales—. Dependiendo de cómo se entienda la variante, puede traducirse: «Nosotros, pues, somos la circuncisión, los que servimos a Dios en espíritu/ o a Dios espíritu». Esta segunda posibilidad, no tendría mucho sentido, pues se sobreentiende que Dios es Espíritu. Y la otra traducción posible sería: «Nosotros, pues, somos la circuncisión, los que servimos al espíritu de Dios».

---

[243] El *Codex Sinaiticus* puede verse en la página web:
http://www.codexsinaiticus.org/de/manuscript.aspx?book=42&chapter=3&lid=de&side=r&verse=3&zoomSlider=0 [En línea: consultado 30 de noviembre de 2014]

Esta última interpretación es la que aceptó Agustín de Hipona;[244] aunque la evidencia en contra es abrumadora. Sólo la variante del *Codex Sinaiticus* haría de ello una posibilidad; no obstante, ningún erudito de peso apuesta por esta traducción. Tampoco encontraría respaldo en el resto de escritos novotestamentarios ni en la praxis cúltica de los primeros siglos del cristianismo; por tanto, debe ser descartada. De hecho, los argumentos internos apuntan a que este servicio/adoración se hace a Dios Padre *en Espíritu*.[245]

Sobre este texto, Alfred Küen aclara de qué manera debe entenderse. Él dice: «El cristiano ha sido regenerado por el Espíritu Santo, vive por él (Gá. 5:25) y sirve a Dios movido por ese Espíritu».[246]

2. Principales Credos y Confesiones

Es interesante notar que el *Diccionario Teológico* de Xabier Pikaza y Nereo Silanes, al hablar del misterio trinitario como misterio de adoración, comienza su explicación (yo diría que apología desde su fe católica) mencionando el Símbolo Niceno-constantinopolitano (381 d. C.) y tras defender la divinidad del Espíritu Santo aseveró: «*qui cum Patre et Filio simul adoratur et conglorificatur*»,[247] y el Símbolo Quicumque —mal atribuido a San Atanasio—, que afirmaba: «*Unum Deum in Trinitate et Trinitatem in unitatem veneremur*»,[248] es decir: «ve-

---

[244] ARIAS, Luis. *Obras de San Agustín en Edición Bilingüe. Tomo V. Tratado sobre la Santísima Trinidad* (Segunda Edición). Madrid: Biblioteca de Autores Cristianos (Editorial Católica), 1956, p. 151.
[245] Jn. 4:23-24; Ro. 1:9; Gá. 5:16; Ef. 2:22; 6:18; Jud. 20.
[246] Cf. KÜEN. *El culto*, p. 53.
[247] PIKAZA y SILANES. *Diccionario teológico*, p. 9. La traducción al castellano sería: «que con el Padre y el Hijo recibe una misma adoración y gloria».
[248] *Ibíd.*, p. 9.

neramos a un Dios en Trinidad y Trinidad en unidad». Este último, como el mismo Pikaza afirma en otra de sus obras, pertenece al siglo V.[249]

Asimismo, Pikaza, al hablar de las formulaciones y símbolos de la fe en su obra *Enquiridion Trinitatis* —la cual comienza con el Credo Romano o Símbolo de los Apóstoles—, pone de manifiesto que la primera ocasión en la que se aprueba la adoración conjunta de las tres personas divinas, es la expresión de fe del Concilio de Constantinopla,[250] anteriormente citado.

Sabiendo esto, se hace necesario señalar el contexto en el que surgieron estos Símbolos. El Credo Nicenoconstantinopolitano —el primero en admitir el culto de «latría»[251] a las tres personas divinas—, así como el Credo Niceno (325 d. C.), surgen en medio de grandes tensiones que amenazaban la creencia en la divinidad del Hijo y del Espíritu Santo; especialmente el arrianismo, el subordinacionismo (en cualquiera de sus esferas), el gnosticismo, el macedonianismo, etcétera.[252] De esta forma, intentaban salvaguardar y afirmar la creencia de que el Hijo y el Espíritu Santo eran divinos y

---

[249] PIKAZA, Xabier. Enquiridion Trinitatis. Textos básicos sobre el Dios de los cristianos. Salamanca: Secretariado Trinitario, 2005, p. 115.

[250] Küng va más allá al afirmar que: «Sólo después del segundo concilio ecuménico de Constantinopla se puede hablar de un **dogma de la Trinidad**» (la negrita es original suya): KÜNG. *El cristianismo*, pp. 201-203.

[251] Por *culto de latría* entiéndase la adoración que va dirigida únicamente a Dios. Para una aclaración más extendida véase PIKAZA y SILANES. *Diccionario teológico*, p. 8; FRIES, Heinrich. *Conceptos Fundamentales de la Teología I. Adan-Mediador* (2ª Edición). Madrid: Ediciones Cristiandad, 1979, p. 301. Este credo fue el que fijó la adoración al Espíritu Santo de forma oficial (Cf. HEIMANN, Claus; MÜHLEN, H. *Experiencia y Teología del Espíritu Santo.* Salamanca: Secretariado Trinitario, 1978, p. 324).

[252] SESBOÜE, Bernard y Joseph WOLINSKI. *Historia de los dogmas. Vol. I: El Dios de la salvación.* Salamanca: Secretariado Trinitario, 2004, pp. 187-221.

tener una creencia unánime y ortodoxa, en contraposición con la heterogeneidad del pensamiento cristiano[253] que precedía. Las tesis arrianas y macedonias encontraron las consecuencias insoslayables de las antítesis en estos concilios.

Sin duda, las elaboraciones teológicas y dogmáticas tuvieron efectos muy negativos,[254] no obstante, sería interesante recalcar que, aunque la divinidad de las tres personas sí fue defendida por medio del razonamiento bíblico, la adoración dirigida al Padre, Hijo y Espíritu Santo no fue fruto del estudio y exégesis bíblica, sino de la antítesis emanada de las controversias trinitarias; a la que se llegó por medio de una deducción lógica, a saber: que por ser el Espíritu una persona divina igual al Padre y al Hijo, era merecedor de una misma devoción.

El papa Juan Pablo II pretende aclarar estas elaboraciones cuando afirma:

> La fórmula sintética del símbolo de la fe del año 381, que del Espíritu Santo como dice que es «Señor» como el Padre y el Hijo, es lógica al añadir que, «*con el Padre y el Hijo recibe una misma adoración y gloria*». Si el Espíritu Santo es quien «da la vida», o sea, que posee con el Padre y con el Hijo el poder creador, y en particular el poder santificador y vivificador en el orden sobrenatural de la gracia — poder que se le atribuye a

---

[253] Algunos prefieren utilizar el plural «cristianismos» ya que a lo largo de toda la historia del cristianismo han existido múltiples confesiones, aun cuando todos creían ser fieles seguidores de Jesús y la Escritura. Véase para una mayor explicación: PIÑERO, Antonio. *Los cristianismos derrotados. ¿Cuál fue el pensamiento de los primeros cristianos heréticos y heterodoxos?* Madrid: Editorial EDAF, 2007, pp. 6-17.

[254] Esta es también la opinión de Kasper. Incluso afirma que este cambio en el lenguaje religioso nos hace correr el peligro de menospreciar *la paternidad intratrinitaria del Padre en su relación con el mundo y con el hombre* (Cf. KASPER. *Jesús, el Cristo*, p. 175).

su Persona— es justo que sea adorado y glorificado como las dos primeras personas de la Trinidad, de las que procede como término de su eterno amor, en perfecta igualdad y unidad de sustancia.[255]

Nótese que Juan Pablo II afirma que la adoración al Espíritu Santo aceptada en el Concilio de Constantinopla, se da como una deducción lógica: «..., es lógica al añadir que, ...». Si esta deducción lógica es correcta —ya que no toda deducción lógica es teológicamente correcta[256] —, cabría preguntarse por qué la iglesia primitiva no llegó a ella, ni la practicó. Es menester reconocer que, en este punto, la Iglesia fue dogmática en lugares en que los escritos neotestamentarios guardaron silencio.

El destacado académico John Norman Davidson Kelly apunta que lo cierto es que:

> De todos los credos que existen es el único que con cierto fundamento puede presentarse como ecuménico o universalmente aceptado. A diferencia del credo de los apóstoles, puramente occidental, éste fue admitido como obligatorio tanto por oriente como por occidente a partir del año 451 y así se le

---

[255] JUAN PABLO II. Creo en el Espíritu Santo. Catequesis sobre el Credo (III). Madrid: Ediciones Palabra, 2003, p. 285.

[256] La lógica está en el plano de lo subjetivo, sobre todo, cuando se trata de Dios. Las deducciones lógicas para uno, pueden no serlo para otro. O lo que es aún peor, pueden no ser teológicamente correctas. Sirva como ejemplo el siguiente: Romanos 5:20 afirma: *"Así, la Ley entró para que el pecado abundara; pero donde el pecado abundó, sobreabundó la gracia"*. La lógica nos dice que si cuando el pecado abunda la gracia de Dios sobreabunda, entonces, ¡pequemos para que la gracia sobreabunde! De hecho, esta deducción es tan lógica que Pablo, inspirado por el Espíritu, seguidamente se adelanta a la lógica humana al decir: *"¿Qué pues diremos? ¿Permanezcamos en el pecado para que la gracia abunde?"* (Ro. 6:1), mas su conclusión es contraria a toda lógica humana: *"¡De ninguna manera! porque los que hemos muerto al pecado, ¿cómo viviremos aún en él?"* (Ro. 6:2).

ha seguido considerando hasta el día de hoy con una única variante en su texto.[257]

Esta es nuestra herencia, la cual hemos aceptado, mayoritariamente, sin hacerle un previo análisis crítico. Posteriormente surgieron nuevas confesiones de fe radicalmente dogmáticas, como la del *Tomus Damasi*, que advertía que aquellos que no afirmaran la necesidad de rendir adoración al Espíritu Santo, de manera análoga al Padre y al Hijo, eran herejes.[258]

Sin duda alguna, este dogmatismo religioso hubiera llevado a tener por hereje a la misma iglesia primitiva —que en ningún momento rindió adoración al Espíritu Santo ni advirtió de la necesidad de hacerlo—.

Más equilibrada, aunque no totalmente justa, es la posición de MacArthur. Él considera que el Espíritu Santo es digno de ser adorado —también debido a su consustancialidad con el Padre y el Hijo—, en cambio, reconoce que no existe ni la más mínima evidencia en las Escrituras de que se hiciera o de que debamos hacerlo. De hecho, termina reconociendo que el Hijo nos exhorta a adorar al Padre, aunque los tres sean dignos de adoración debido a su igualdad. Por último, añade: «Esa es la verdadera adoración trinitaria: Acudir al Padre a través del Hijo en el Espíritu Santo. Estoy preocupado por las personas que apenas adoran a Dios, que al parecer sólo adoran al Hijo o que desmedida e innecesariamente se centran en el Espíritu Santo».[259]

---

[257] KELLY, J. N. D. *Primitivos Credos Cristianos*. Salamanca: Secretariado Trinitario, 1980, pp. 353-354.
[258] PIKAZA. Enquiridion Trinitatis, p. 110.
[259] MACARTHUR, John. *Nuestro Extraordinario Dios*. Grand Rapids, Michigan: Editorial Portavoz, 2005, pp. 162-163.

Aunque aprecio la sinceridad de MacArthur al reconocer que no existe prueba ninguna de que la iglesia primitiva rindiera adoración al Espíritu Santo, me sorprende ver cómo un gran defensor de la *Sola Scriptura*,[260] da un salto tan abismal para concluir que sí debemos adorarlo, simplemente, por una deducción lógica. Sin duda, una conclusión sin fundamento en la Escritura y contraria a la praxis cristiana de los primeros siglos, no debe ser aceptada —y menos aún, dogmáticamente—.

3. Patrística

Antes de nada, es preciso aclarar que no se encuentra, en los padres apostólicos, un credo formal y universal que fuera aceptado por todos. Sin embargo, sí podemos dilucidar la creencia particular o colectiva de algunos, en el período patrístico.[261]

Pikaza y Silanes aseguran que existen innumerables pruebas de que los Padres de la Iglesia adoraban al Hijo y al Espíritu Santo.[262] Extrañamente, sólo mencionan a Epifanio, Orígenes, Gregorio Nacianceno y Justino.[263] Aún más sorprendente es saber que Epifanio vivió en el s. IV-V —una época bastante tardía si se quiere dar un apoyo consistente al

---

[260] MacArthur no sólo defiende la *Sola Scriptura* por medio de conferencias, sino también a través de sus libros (Cf. MACARTHUR, John; entre otros. *Sola Scriptura. The Protestant Position on the Bible*. Lake Mary, Florida: Reformation Trust, 2009).
[261] En lo relativo a la inexistencia de un credo en la patrística véase: KELLY. *Primitivos Credos Cristianos*, pp. 87-124. Schütz opina que la época patrística supone una decadencia para la pneumatología y que no podrá llegarse a conclusiones categóricas a partir de ella (Cf. SCHÜTZ, Christian. *Introducción a la Pneumatología*. Salamanca: Secretariado Trinitario, 1991, pp. 46-47).
[262] PIKAZA y SILANES. *Diccionario teológico*, p. 6.
[263] *Ibíd.*, p. 10.

culto al Espíritu Santo — y fue un gran defensor de la doctrina trinitaria en contra de las herejías de su tiempo.[264] A su vez, éste, curiosamente, era un gran enemigo de los escritos del segundo mencionado, Orígenes.[265] Esto se debe a que Orígenes era subordinacionista[266] y, para algunos, fue considerado como hereje;[267] por tanto, nunca aprobó la análoga adoración de las tres Personas. Gregorio Nacianceno también fue un gran defensor de la doctrina trinitaria del s. IV.[268] De hecho, Paul Tilich asegura que fue él (Gregorio) quien definió las fórmulas de la doctrina trinitaria.[269] Por último, hay que decir que Justino Mártir (s. II) fue también subordinacionista.[270] Consideraba que tanto el Hijo como el Espíritu

---

[264] AMAT, Félix. *Tratado de la Iglesia de Jesucristo, ó Historia Eclesiástica*. Tomo Séptimo (2ª Ed.) Madrid: Imprenta de Don Benito García y compañía, 1806, p. 72. Para un resumen de la vida de Epifanio puede verse: http://es.wikipedia.org/wiki/Epifanio_de_Salamis [En línea: consultado el 30-11-2014]

[265] Epifanio condenó en Constantinopla los escritos de Orígenes (Cf. LOZANO, Christobal. *El Grande Hijo de David más Perseguido, Jesu Christo Señor Nuestro. Historia Sagrada* (Tomo II). Barcelona: p. 258). Dr. Don Christobal Lozano, fue Capellán de su Majestad en su Real Capilla de los Señores Reyes Nuevos de Toledo.

[266] Cf. PIFARRÉ, Cebrià. *Arnobio el Joven y la Cristología del «Conflictus»*. Montserrat: Publicacions de l´Abadia de Montserrat, 1988, p. 122.

[267] FÉRNANDEZ JIMENEZ, Francisco María. *El Comentario sobre el Apocalipsis de Ecumenio en la Controversia Cristológica del VI en Bizancio*. Toledo: Instituto Teológico San Idelfonso, 2013, pp. 62-63.

[268] Gregorio de Nacianceno, al igual que Basilio, es considerado uno de los Padres Capadocios defensores de la doctrina trinitaria frente a las herejías de su tiempo (Cf. LADARIA. *El Dios vivo y verdadero*, pp. 303-309).

[269] TILICH, Paul. *A History of Christian Thought. From Its Judaic and Hellenistic Origins to Existentialism*. New York: Simon and Schuster, 1968, p. 76.

[270] Esto queda claramente reflejado en *Diálogo con Trifón LVI* (Cf. ROPERO, Alfonso. *Lo Mejor de Justino Mártir*. Terrassa, Barcelona: Editorial CLIE, 2004, pp. 268-273) y en *Primera Apología VI* (ROPERO. *Lo mejor de Justino Mártir*, p. 66).

Santo eran inferiores al Padre.[271] En realidad, iguala la adoración que debe darse al Hijo y al Espíritu profético con la que debe darse a todos los ángeles buenos.[272] Con razón, la *Enciclopedia Católica* concluye que el culto que se le rinde a Jesús en Justino es inferior o subordinado al que se le rinde al Padre.[273] Independientemente o no de su inclinación subordinacionista, lo que Orígenes deja claro en su obra *De Oratine*, es que ésta debe empezar «"alabando y glorificando al Padre del universo por medio de Jesucristo en el Espíritu Santo, al cual sea el honor por la eternidad"».[274]

Queda demostrado que los supuestos defensores de la adoración análoga al Hijo y al Espíritu Santo son posteriores al siglo IV —una fecha demasiado tardía para legitimar la adoración análoga— e influidos por las tensiones trinitarias de su tiempo en las que corrían peligro las naturalezas divinas del Hijo y del Espíritu Santo. Los demás eran subordinacionistas y nunca abogaron por un culto trinitario análogo.

Especial mención merece Basilio de Cesarea (s. IV), quien —como Kasper señala— modificó la doxología propia de la liturgia de Cesarea: «Gloria al Padre mediante el Hijo y en el Espíritu Santo» por «Gloria al Padre y al Hijo y al Espíritu Santo».[275] Basilio llegó a esta nueva fórmula en el intento de enfatizar que el Espíritu Santo es de la misma naturaleza que

---

[271] ROPERO, Alfonso. *Lo Mejor de Justino Mártir*. Terrassa, Barcelona: Editorial CLIE, 2004, p. 74.

[272] Para Justino, Jesús era un ángel similar a los demás (Cf. Primera Apología VI en: ROPERO. *Lo mejor de Justino Mártir*, p. 66).

[273] Cf. HERBERMANN, Charles George; et al. *The catolic encyclopedia, Volume 8: Infamy-Lapparent*. New York: Robert Appleton Company, 1910, p. 1501.

[274] SCHÜTZ. *Introducción a la Pneumatología*, p. 51. Citado a su vez de: Orígenes. *De oratione*, BKV 48, 147.

[275] Cf. KASPER. Jesús, el Cristo, p. 175; GONZÁLEZ. Historia del Pensamiento Cristiano, pp. 257-258.

el Padre y el Hijo.[276] Incluso escribe la obra *Tratado sobre el Espíritu Santo* —que, como Mateo Seco señala, es la primera obra sobre el Espíritu Santo que encontramos en la literatura patrística— para explicar esta doxología.[277] Mateo Seco opina con agudeza lo siguiente:

> Basilio, que por razones pastorales no quiere utilizar la palabra Dios (*Theós*) para hablar del Espíritu Santo, tiene mucho interés en dejar clara la absoluta igualdad de naturaleza entre el Espíritu y las otras dos Personas. De ahí, quizás, su empeño en mantener esta doxología. Se trata, por otra parte, de un empeño fácil de justificar. A Basilio le basta sencillamente recurrir al mandato misional y a la fórmula bautismal para justificarla, pues se trata de una fórmula bautismal que encontramos en los labios de Jesucristo (cf. Mt 28,19).[278]

Ninguno de los versículos usados por Basilio avala el culto análogo de las tres Personas Divinas. De nuevo concluye la legitimidad del culto al Espíritu Santo por medio de una deducción lógica, pero no mediante la exégesis bíblica o por razones de peso. El mismo Basilio expresa: «Lo que nos ha conducido a glorificar al Espíritu es, ante todo, el honor que le concede el Señor, asociándole a sí mismo y al Padre en el bautismo. Y es después el hecho de que cada uno de nosotros ha sido introducido en el conocimiento de Dios por una

---

[276] Justo González señala que esta alteración de la doxología se debió al interés que Basileo tenía de llevar a su congregación —por medio de la adoración— a la convicción de que el Espíritu Santo era divino (Cf. GONZÁLEZ. *Historia del Pensamiento Cristiano*, pp. 257-258).

[277] MATEO SECO, Lucas Francisco. *Teología Trinitaria. Dios Espíritu Santo.* Madrid: Ediciones Rialp, 2005, pp. 121-123.

[278] MATEO SECO. *Teología Trinitaria*, p. 123; Cf. LOBO MÉNDEZ, Gonzalo. *Dios Uno y Trino: Manual de Iniciación.* Madrid: Ediciones Rialp, 2002, p.142.

iniciación del mismo tipo». Esto propició reproches por parte de sus rivales por ir en contra de la tradición.[279]

Sería justo mencionar aquí a Policarpo (s. I-II), pues existe en los relatos de su martirio —de la iglesia de Esmirna— una doxología dirigida al Padre, al Hijo y al Espíritu Santo momentos antes de su muerte.[280] Tristemente, esta doxología nunca fue escrita en ninguna de sus cartas personales[281] y el único testimonio que se tiene de ello es de terceras personas.[282] Sí que es cierto que, en su carta personal a la iglesia de los filipenses, acepta la adoración a Cristo; sin embargo, previamente indica el motivo de la misma: «creyendo al que resucitó a nuestro Señor Jesucristo [esto es el Padre] de entre los muertos y le dio gloria y asiento a su diestra».[283] El motivo de la adoración de *latreuo* al Hijo, es para Policarpo la gloria y posición que le ha sido dada por el Padre. De hecho, no menciona al Espíritu Santo en toda la carta, ni siquiera cuando menciona la adoración al Hijo.

Algunos autores hacen alusión al Credo de San Atanasio como el primero en mencionar la adoración análoga a las Tres Personas Divinas. Sin embargo, tras los numerosos estudios sobre el Credo, se sabe con seguridad que atribuir la obra a Atanasio es un anacronismo. La obra data de los siglos V-VI y, en un primer momento, en el pensamiento de

---

[279] PIKAZA. Enquiridion Trinitatis, p. 151.

[280] RUIZ BUENO. *Padres apostólicos*, pp. 672-689.

[281] *Ibíd.*, pp. 661-671.

[282] Además, la forma actual de esta carta data, como mínimo, de la segunda mitad del siglo III (RÄISÄNEN. *El nacimiento de las creencias cristianas*, p. 111).

[283] *Ibíd.*, p. 662.

Atanasio, no se ve igualdad entre el Padre, el Hijo y el Espíritu Santo.[284]

Ireneo de Lyon muestra en sus escritos su clara tendencia trinitaria, aunque no por ello aboga por el culto trinitario análogo. De hecho, Ireneo no se plantea esta cuestión. Incluso algunos ven en él una leve tendencia subordinacionista.[285] No hay duda de que el título *theos* es aplicado, en Ireneo, al Padre y el de *Señor*, a Jesucristo. Salvador Vergés sugiere que, en las plegarias de Ireneo, éste «ruega al Padre que, por mediación de su Hijo Jesucristo, le introduzca en el conocimiento de su unidad divina en el Espíritu».[286]

Debido a la limitada extensión de esta investigación, no nos podemos extender más en este punto. Sin embargo, nos parece pertinente mencionar uno de los escritos de Hipólito —obispo de principios del siglo III—, en el que muestra cómo la Iglesia oraba *al Padre*: «Te pedimos que envíes a tu Espíritu Santo a la oblación de la santa Iglesia».[287] La oración no se hacía directamente al Espíritu Santo, sino al Padre, para que él enviara su Espíritu.[288]

Entonces, cabe destacar que el pensamiento patrístico no era tan homogéneo y claro como para elucidar el verdadero objeto del culto cristiano. Con todo, sería inviable la existencia de una adoración/culto análogo al Padre, Hijo y Espíritu

---

[284] Cf. ABÓS SANTABÁRBARA, Ángel Luis. *La Historia que nos enseñaron (1937-1975)*. Madrid: Foca, Ediciones y Distribuciones Generales, S.L., 2003, pp. 190-191; PIKAZA. *Dios como espíritu*, p. 93.

[285] GARRIDO, Juan José. *El Pensamiento de los Padres de la Iglesia*. Madrid: Ediciones Akal, 1977, p.29.

[286] VERGÉS, Salvador. *Imagen del Espíritu de Jesús*. Salamanca: Secretariado Trinitario, 1977, p. 238.

[287] *Ibíd.*, p. 239.

[288] Esta oración tiene el respaldo del texto novotestamentario (Cf. Jn. 14:16-17).

Santo apoyándose en la patrística. Tanto es así, que el erudito trinitario Rusch considera que aunque existían fórmulas trinitarias en los padres apostólicos, no hay tal cosa como una doctrina trinitaria. Con todo, va más allá al afirmar que la doctrina trinitaria formulada en Nicea no está presente en el Nuevo Testamento.[289] Wainwright reconoce que encontrar testimonios de que el Espíritu fuese adorado u objeto de plegarias en los primeros cinco siglos es algo inusitado y sumamente raro.[290]

B. ANÁLISIS DE LA EXPRESIÓN «EN» (GR. «EN») EL ESPÍRITU SANTO

Para entender la función del Espíritu Santo en el culto cristiano debemos captar, primeramente, el sentido de la expresión «en el Espíritu». La preposición εv denota *posición*, ya sea referida a: *lugar* (Mateo 10:32), *tiempo* (1 Tesalonicenses 2:19; 1 Pedro 1:7) o *duración* (Mateo 27:40). Y también expresa la idea de estar en el interior de algo: «en vestiduras blancas» (Apocalipsis 3:5). Puede aplicarse a personas (Romanos 1:19) o a una ubicación específica dentro de la persona (Marcos 2:8). Suele usarse para hablar de una persona dominada por algo: por el pecado (Romanos 7:17, 20) o por el Espíritu (Romanos 8:9, 11; 2 Timoteo 1:6). Incluso es reconocido que se emplea en sentido instrumental debido a la

---

[289] RUSCH, William G. *The Trinitarian Controversy*. Philadelphia: Fortress Press, 1980, pp. 2-3.
[290] WAINWRIGHT. *La Trinidad*, p. 268. En esta misma página, Wainwright señala que otros expertos, como Hodgson, consideran que los himnos y oraciones dirigidas a Cristo no se encuentran hasta el siglo X.

influencia de la *Septuaginta* como en: Mateo 3:11; 12: 28; 26:52; Juan 1:33; Apocalipsis 16:8.[291]

El texto de Efesios 6:18 que expresa: «διὰ πάσης προσευχῆς καὶ δεήσεως προσευχόμενοι ἐν παντὶ καιρῷ ἐν πνεύματι» («A través de toda oración y ruego orando en todo tiempo en espíritu»),[292] parece responder al cuándo y cómo. ¿Cuándo orar? En todo tiempo. ¿Cómo orar? En Espíritu, esto es, en la potencia del Espíritu, con su ayuda. De lo contrario, las oraciones serían estériles e ineficaces (Juan 9:31; Romanos 8:7-9).

La formulación de Judas 1:20 es similar a la paulina (Efesios 6:18): «Pero vosotros, oh amados, edificándoos sobre vuestra santísima fe, orando en el Espíritu Santo». Kistemaker, al comentar este versículo añade: «El Espíritu toma nuestras oraciones débiles y las perfecciona y presenta ante Dios el Padre, tal como Pablo le dijo a la Iglesia, "El Espíritu mismo intercede por nosotros con gemidos que no se pueden expresar con palabras" (Ro. 8:26 NVI)».[293]

Aunque no concordemos con el pensamiento de Basilio sobre la adoración —por los motivos mencionados en puntos anteriores—, nos parece muy oportuna la explicación que da respecto a la fórmula «glorificamos al Padre, por el Hijo, en el Espíritu Santo», en la que dice: «mostramos así que, por nosotros mismos, no somos capaces de dar gloria a Dios, sino que tenemos la capacidad de hacerlo en el Espíritu San-

---

[291] BALZ, Horst y Gerhard SCHNEIDER. *Diccionario exegético del Nuevo Testamento*. Tomo I. Salamanca: Ediciones Sígueme, 1996, p. 1372.

[292] La traducción al castellano es nuestra, en base al griego de Westcott y Hort.

[293] KISTEMAKER, Simon J. Comentario al Nuevo Testamento: Exposición de las epístolas de Pedro y de la epístola de Judas. Grand Rapids, Michigan: Libros Desafío, 1994, p. 333.

to».[294] Esto significa que nadie es capaz de orar, correcta y genuinamente, de sí mismo. Necesitamos hacerlo *en* el Espíritu de Dios.

González de Cardedal apunta que: «Cristo vivió toda su existencia histórica desde el Espíritu, movido por él, y en amorosa obediencia hasta consumar su destino entregándose al Padre y entregándonos el Espíritu (Jn 19,30)».[295] En otras palabras, Jesús vivió su vida terrenal *en* el Espíritu Santo, en el poder del Espíritu; potencia que ahora tienen todos los hijos de Dios (Juan 1:12; Romanos 8:9; 1 Juan 4:13). El Espíritu es el sello de una sociedad reconciliada (Efesios 1:13; 4:30), libertada de la esclavitud del pecado y por quien tenemos acceso a una novedad de vida, que nos permite ver a Jesús como un hermano que nos guía hacia el Padre.

C. Motivo del silencio cúltico al Espíritu Santo en los escritos neotestamentarios

El cristianismo actual debería replantearse el motivo del silencio cúltico al Espíritu Santo en la iglesia primitiva. ¿Por qué si el Espíritu Santo era considerado una hipóstasis divina entres los primigenios creyentes, no recibía adoración ni era objeto de las oraciones de los santos? ¿Debe la iglesia contemporánea elaborar una liturgia sin base, fundamento o sustento bíblico? ¿Debe ser el registro bíblico-histórico el fundamento de nuestra fe y praxis litúrgica?

---

[294] Traducción de Pikaza sobre la obra de Basilio *Espíritu Santo* (Cf. PIKAZA. *Dios como espíritu*, p. 153).
[295] GONZÁLEZ DE CARDEDAL, Olegario. *Fundamentos de cristología I. El camino*. Madrid: Biblioteca de Autores Cristianos, 2005, p. 134.

Para entender el motivo de este silencio, en primer lugar, es necesario entender que en la iglesia neotestamentaria no existía una codificación de la fe; es decir, un credo formal por escrito como lo hubo a partir de los siglos III-IV.[296] Por otro lado, la «regla de fe» no se enfocaba tanto en la pneumatología como en la soteriología o cristología. Wainwright reconoce que: «La doctrina del Espíritu no se desarrolló tan rápidamente como la doctrina de Cristo, y no se rindió adoración al Espíritu tan pronto como se hizo con Cristo».[297]

Es más, ni siquiera los *Hechos de los Apóstoles*, que algunos apodan *Hechos del Espíritu Santo*,[298] tienen como centro la Persona del Espíritu Santo. Existen en esta obra aproximadamente 56 referencias al Espíritu Santo, mientras que encontramos unas 196 para Jesús y sus diferentes nombres — más del triple de ocasiones —. Por otro lado, vemos alrededor de 176 alusiones a Dios el Padre. La conclusión es que aun en Hechos —y por supuesto en las epístolas— recibe más atención Jesucristo que el Espíritu Santo. Esto estaría de acuerdo con el dicho de Jesús acerca del papel del Espíritu Santo: «Tomará de lo mío y os lo hará saber», «él me glorificará» (Juan 16:14-15). No obstante, esta realidad no debería llevarnos a tributar una adoración a Jesús, por encima del Padre. Sin desechar o menospreciar la adoración al Hijo, ésta debe ser puesta en la debida perspectiva, prestando especial

---

[296] Los motivos de ello pueden verse en: KELLY. *Primitivos Credos Cristianos*, pp. 83-99.

[297] WAINWRIGHT. *La Trinidad*, p. 275.

[298] LADD, George Eldon. *Teología del Nuevo* Testamento. Terrassa, Barcelona: Editorial CLIE, 2002, p. 311; así mismo lo denominan A. T. Pierson y A. T. Robertson (Cf. ROBERTSON, A. T. *Comentario al Texto Griego del Nuevo* Testamento. Terrassa, Barcelona: Editorial CLIE, 2003, p. 266) y otros (Cf. UNGER, Merrill F. *Manual bíblico de Unger*. Grand Rapids, Michigan: Editorial Portavoz, 1985, pp. 578-579).

atención al testimonio del mismo Jesús; tanto a lo que él dijo, como lo que practicó al respecto.

Wainwright considera que uno de los motivos más influyentes de este silencio es la «no encarnación» de la Tercera Persona Divina. La obra de Cristo fue tangible, visible, palpable. Él se presentó como alguien diferente al Padre, pero estrechamente unido a él (Juan 10:30; 17:22). Como Wainwright reconoce: «…, es mucho más fácil adorar a una persona que a una idea. Aunque muchos escritores del Nuevo Testamento presentaron al Espíritu como persona, la naturaleza personal de Cristo era mucho más fácil de comprender que la naturaleza personal del Espíritu».[299]

Los judíos no consideraban al Espíritu como una *hipóstasis* diferente a YHWH,[300] a pesar de ser personificado en algunas ocasiones (1 Samuel 10:10; 11:6; Isaías 63:10, 14; Salmo 43:10; 104:30; 143:10; Nehemías 9:20; Jueces 14:6). Y a pesar de que existían en los escritos judíos algunas referencias en las que el Espíritu bien pudo ser interpretado como una *hipóstasis* divina,[301] sin embargo, debido a su singular entendimiento del monoteísmo, no estaban preparados para recibir un mayor entendimiento pneumatológico.

Empero, creemos que debe existir una razón más satisfactoria. El Dios Padre tampoco se encarnó —y nadie le vio jamás (Juan 1:18)—, pero sin embargo, sí recibió adoración. Y aunque el Espíritu no se encarnó en forma humana, sí fue

---

[299] WAINWRIGHT. *La Trinidad*, p. 275.
[300] Cf. WAINWRIGHT. *La Trinidad*, pp. 44-45.
[301] Ez. 11:5. Cesar Vidal aporta otros textos judíos (Cf. VIDAL. *Los primeros cristianos*, pp. 259-260).

presentado de forma personal (Juan 14:16, 26; 15:26; 16:7, 13) por el mismo Jesús.[302]

Ya en el resto de cartas y libros del Nuevo Testamento, puede verse un gran desarrollo de la pneumatología; y el Espíritu es presentado como un Ser cercano a la iglesia y patente en la vida del creyente.[303] Es tan personal que Cristo lo presenta como ἄλλον παράκλητον. El término griego *alos* denota una distinción numeral, pero de carácter similar, de la misma clase.[304] Si Cristo hubiera querido enseñar que el Espíritu Santo sería otro Consolador, pero de diferente naturaleza, hubiera usado el vocablo *jeteros*, que hace referencia no sólo a una diferencia numérica, sino también de clase.[305] Pero Jesús nos enseña que el Espíritu iba a ser tan personal como él mismo. Incluso, en los primeros siglos, se llegó a considerar que la *Sabiduría* personificada de Proverbios era el Espíritu Santo,[306] pero, no recibió nunca adoración.

Echar la culpa de este silencio al poco desarrollo de la pneumatología novotestamentaria, o hacer cualquier otra crítica negativa a la experiencia y testimonios de la primitiva iglesia, es una forma fácil de justificar y salvaguardar la práctica actual de la mayor parte del cristianismo, al consi-

---

[302] Thielman advierte que los escritores del Nuevo Testamento siempre ven al Espíritu como Persona (Cf. THIELMAN, Frank. *Teología del Nuevo Testamento: Síntesis del Canon del Nuevo Testamento.* Miami, Florida: Editorial Vida, 2006, p. 571).

[303] El Espíritu nos habla (Hch. 8:29; 10:19; 13:2); nos ama (Ro. 15:30); se contrista y enoja (Ef. 4:30; Isaías 63:10); nos enseña (Jn. 14:26); nos guía (Ro. 8:4); nos convence (Jn. 16:8-11); nos regenera (Jn. 3:5); nos consuela (Jn. 14:16); intercede por nosotros (Ro. 8:26), etcétera.

[304] VINE. Diccionario expositivo de palabras del Antiguo y Nuevo Testamento exhaustivo de Vine, p. 615.

[305] *Ibíd.*, p. 615.

[306] Así lo consideró Ireneo —discípulo de Policarpo—. Cf. PANNENBERG. *Teología sistemática. Vol. I,* p. 292.

derar que ésta es más completa y correcta que la de antaño. Llegar a esta conclusión necesitaría de evidencias de peso que lo avalaran y justificaran, pero no mediante la opinión subjetiva de personas que son fruto de su tiempo, sino por la verdad objetiva de la Palabra de Dios.

Colegimos que la razón de este silencio no es algo negativo, sino positivo. El silencio cúltico al Espíritu Santo no es por una falta de desarrollo en la pneumatología neotestamentaria ni por la «no encarnación». Se debe, más bien, a que los apóstoles de Jesucristo y la primigenia comunidad cristiana comprendieron, realmente, cuál debiera ser la correcta dimensión «trinitaria»[307] del culto. Tanto el Nuevo Testamento al completo, así como los primeros testimonios fuera de éste, muestran claramente que los cristianos comprendieron que el Espíritu —independientemente de su divinidad— era la potencia que además de hacernos libres a una nueva forma de existencia, nos permitía observar a Jesús como hermano de dolores que nos guía en el misterio de la «Trinidad» hasta el Padre.

---

[307] Somos conscientes de que introducir el término «trinitaria» a la dimensión del culto de la iglesia primitiva, es un anacronismo. Aun así, ilustra perfectamente cuál era la función y el papel de cada una de las Personas Divinas en la praxis litúrgica de la época.

PARTE IV

SUGERENCIAS PRÁCTICAS

A estas alturas, nos preguntamos cuál debe ser el papel o la actividad que ocupe cada una de las Tres Personas Divinas en nuestra liturgia cristiana. Sugerimos que el culto debe ser la respuesta a la economía de Dios, es decir, al Dios revelado. Éste sigue el modelo histórico-salvífico, en donde el culto se ofrece al Dios Uno; pero concibiendo esta unidad partiendo de la revelación de las tres Personas Divinas. «Por eso, en un primer momento, el nombre de Dios se aplica solamente al Padre, de manera que se extiende al Hijo y al Espíritu».[308] Es más que evidente, después de todo lo estudiado anteriormente, que éste fue el modelo de culto de la iglesia primitiva y de los tiempos prenicenos.[309]

En cambio, nuestra liturgia actual sigue un modelo más unitario-inmanente; en el cual, se produce una mezcolanza trinitaria, donde el nombre de *Dios* es aplicado en referencia a la Trinidad entera —debido a que las Tres Personas poseen la misma esencia divina—, perdiendo, de alguna forma, la esencia de la distinción entre Personas —tal y como nos ha sido revelado—, y alejándonos del testimonio y ejemplo de la praxis cúltica primitiva.

---

[308] PIKAZA. *Dios como espíritu*, p. 92.
[309] Pikaza reconoce y expone, con más detalle, que éste fue el modelo universal antiguo, dominante en los credos de oriente y occidente, y de los grandes concilios de la Iglesia (*Ibíd.*, p. 92).

Visto lo anterior, nos resulta inaudito que el teólogo católico, Xabier Pikaza, declare que: «El modelo unitario-inmanente se apoya, a mi entender, en dos raíces principales: la tendencia modalista de ciertas comunidades, especialmente de occidente (cf. tema 7) y la exigencia de superar el arrianismo que subordina ontológicamente al Hijo (y el Espíritu) al Padre (cf. tema 8)».[310] ¿Debe apoyarse nuestra forma litúrgica en las ulteriores formas antiarrianas y modalistas o en la revelación histórico-teológica de la Biblia?

Nuestras sugerencias tendrán como base el *kerigma* —que también fue la base de los Padres y teólogos griegos —. Partiremos de la diversidad trinitaria y buscaremos la forma de vincularlos.[311] Esto nos permitirá mantenernos en la verdad de la revelación.

Proponemos una renovación de la liturgia mediante varios aspectos. No obstante, éstos serán tan sólo unos pocos ejemplos de todas las modificaciones que la correcta dimensión trinitaria del culto cristiano puede llevar a cabo, en muchos ámbitos, en su culto. Presentamos los siguientes:

- Oración

Nos corresponde *repensar* nuestro lenguaje oracional y atenernos a lo que las Escrituras nos enseñan. No debemos hacer una mezcolanza trinitaria en la que sea imposible diferenciar el destinatario de nuestras súplicas. Bezançon lo ilustra perfectamente:

---

[310] *Ibíd.*, p. 93.

[311] Desde San Agustín, los escolásticos latinos partían de la unidad de Dios para después encontrar la distinción de las personas. Para conseguirlo recurrían al razonamiento teológico y a distintas procesiones inmanentes, como el *conocer-amar*, donde descubren tres ángulos relativos que son las distintas Personas Divinas (Cf. PIKAZA. *Dios como espíritu*, pp. 94-95).

Es verdad que muchas veces, en la oración, entre el Padre, el Hijo y el Espíritu, pasamos del uno al otro sin darnos cuenta de ello. En nuestras liturgias, ¿cuántas oraciones universales tenemos, cuyas intenciones se dirigen al Padre y el texto literal a Jesús? ¿Cuántas oraciones se dirigen manifiestamente a Jesús, con alusiones al evangelio, y que terminan: 'por Jesucristo, tu Hijo, nuestro Señor'? A no ser que las oraciones dirigidas al "Señor" le permitan al orante quedarse en la cuerda floja.[312]

Orígenes decía que en el exordio de la oración se debía de buscar la gloria de Dios Padre, por medio de Jesucristo, en el Espíritu Santo. Asimismo, las doxologías que concluyen la oración debían seguir este patrón.[313] Los más antiguos textos litúrgicos avalan ese modelo,[314] además de que éste sigue el ejemplo y la enseñanza de Jesús: «… para que todo lo que pidáis al Padre en mi Nombre, os lo dé» (Juan 15:16; Cf. también Juan 16:23-24). Dunn, tras un minucioso examen de la terminología relacionada con la oración, concluye que los vocablos que más claramente hacen referencia a la oración se dirigen exclusivamente al Padre.[315] Al igual que Küng, consideramos que el objeto de nuestras oraciones debe ser Dios Padre, *per Dominum nostrum Jesum Christum*.[316] Pero esto sólo es posible en el poder del Espíritu Santo que habita en nosotros (Romanos 8:15; Gálatas 4:6).

Aunque no debiera ser la norma predominante, las oraciones también pueden ir dirigidas a Jesús, sobre todo como

---

[312] BEZANÇON, Jean-Noël. *Dios no es un ser solitario. La Trinidad en la vida de los cristianos*. Salamanca: Secretariado Trinitario, 2001, p. 68.

[313] Orígenes y Fernando MENDOZA. *Tratado sobre la oración*. Madrid: Ediciones Rialp, 1994, pp. 249-250.

[314] MATEO SECO. *Teología Trinitaria*, p. 85.

[315] DUNN. *¿Dieron culto…?* pp. 45-53.

[316] KÜNG. *Credo*, pp. 154-156.

súplica por su venida (1 Corintios 16:22) y como acción de gracias. En ningún caso dirigido al Espíritu,[317] pues él nunca es el objeto de la oración, sino la Potencia, por medio de la cual nos es posible la comunión con el Padre.

La mayoría nos sorprenderíamos si nos detuviésemos a reflexionar acerca de nuestras oraciones. ¿Realmente sabemos a quién hablamos y nos dirigimos? ¿Es a Dios Padre? ¿O quizás sea a nuestro Señor y Salvador Jesucristo? ¿Oramos al Espíritu Santo? ¿A quién nos referimos entonces cuando decimos «*Señor*»? Y cuando nos dirigimos a *Dios*, ¿estamos haciendo referencia al Dios Trino o al uso mayoritario que del término *theos* se hace en el Nuevo Testamento? Bezançon explica, por medio de una ilustración, por qué es importante meditar acerca de nuestras oraciones:

> Y no es muy sano pasar el tiempo de la oración pensando en esa oración y preguntándose uno si reza como es debido. Tampoco andamos siempre analizando lo que pasa cuando comemos, caminamos o respiramos. Pero para comer mejor, para caminar o respirar mejor, es conveniente volver luego sobre ello, para verificar y rectificar: ¿por qué caminar encorvado de ese modo, por qué comer tan deprisa? Y respirar a veces conscientemente, pensando en ese oxígeno que nos invade y nos regenera, soplar echando lúcidamente de nuestros pulmones los miasmas que envenenan nuestra vida. Todo esto puede ayudarnos a vivir mejor. Lo mismo pasa con la oración. La oración espontánea sigue siendo la mejor de las oraciones. Pero tomar a veces conciencia de lo que se vive en-

---

[317] Las controversias arrianas y el subsecuente Concilio de Constantinopla (381) añadieron a la liturgia una parte pneumatológica de la que antes carecía. A pesar de todo: «La invocación directa del Espíritu Santo está testimoniada en las liturgias occidentales únicamente en himnos, aclamaciones, secuencias, responsorios y antífonas, pero no en oraciones» (SCHÜTZ. *Introducción a la pneumatología,* pp. 302-303).

tonces puede ayudarnos a rezar mejor. La oración es algo así como el barómetro de la fe.[318]

Por ello, la iglesia necesita examinarse y no orar de cualquier manera. La oración es un indicador de nuestra comprensión sobre el Dios Trino y de la correcta forma de acercarnos a él. Por eso, se hace necesaria una enseñanza que recupere este enfoque.

- Alabanzas

La ilustración de Bezançon también se aplica en el aspecto de las alabanzas y la renovación de las mismas se hace urgente.[319] En algunos contextos cristianos, las alabanzas dirigidas al Espíritu Santo se han hecho comunes.[320] Pero cabe destacar que el deseo del Espíritu Santo nunca ha sido ese. El principal ministerio del Espíritu es llevarnos a glorificar al Hijo (Juan 16:14). J. I. Packer opina que el Espíritu siempre nos llevará a mirar a Cristo, a observar su gloria, a escuchar su palabra, a ir a él y conocerle.[321] Si entendemos al Espíritu como un fin en sí mismo, entonces, no hemos entendido nada. El Espíritu es aquél que señala a Cristo y, éste, al Padre, nunca a sí mismo; por tanto, las alabanzas no deben estar centradas en él, sino en Cristo, principalmente como contenido, para gloria de Dios Padre.

---

[318] BEZANÇON, Dios no es un ser solitario, p. 69.

[319] Küen nos exhorta a renovar el culto por tres motivos principales: 1° Porque Dios lo demanda, 2° porque todo lo que vive se renueva, 3° porque la Iglesia espera una renovación del culto. También enfatiza la importancia de que nuestro culto se atenga a lo establecido en el Nuevo Testamento y no se deje desviar por los errores y desviaciones de los primeros siglos. (Cf. KÜEN, Alfred. Renovar el culto. Vol. 6. Terrassa, Barcelona: Editorial CLIE, 1996, pp. 40-62).

[320] Especialmente en la línea pentecostal.

[321] Cf. con PACKER, J. I. Keep in the step with the Spirit. Finding fullness in our walk whit God. Grand Rapids, Michigan: Baker Books, 2005, p. 57.

Como ya mencionamos con anterioridad, la Primera Epístola de Clemente muestra en toda su extensión, que por aquel entonces las doxologías iban dirigidas únicamente al Padre, a través de Jesucristo, en el Espíritu. Este fue el *modus operandi* de la Iglesia hasta las controversias trinitarias, especialmente el arrianismo.[322]

Un buen ejemplo de himno o alabanza sería el expuesto por Pablo en Filipenses 2:6-11. Es un himno cristocéntrico en cuanto a contenido y que exalta a Cristo,[323] pero su fin último es dar toda gloria a Dios Padre.

¿Siguen nuestros cánticos actuales este modelo? ¿Son cánticos centrados en Cristo y que tienden a glorificar al Padre o están dirigidos al Espíritu Santo? ¿Son cristocéntricos o antropocéntricos? ¿Hablan de «Él» o del «mi», «yo»? Analicemos y lleguemos a nuestras propias conclusiones y luego, seamos consecuentes. La Iglesia debe plantearse estas preguntas y modificar su conducta y renovar el culto. Dios no debe ser adorado de cualquier forma. El culto no debe estar basado en la ignorancia ni tampoco en que lo que opinemos sea para nosotros lo correcto, sino, únicamente, en cómo Dios nos ha revelado que quiere él ser adorado. ¡Él lo merece!

---

[322] La *Enciclopedia católica online* reconoce que «Es verdad que hasta el período de la controversia arriana había sido más común la forma "Gloria al Padre, a través del Hijo, en el Espíritu Santo" (cf. 1 Clemente, 58, 59; Justino, "Apol. I", 67)» en: HERBERMANN, Charles G; et al. *The catholic enciclopedia, Volume 15: Tournely-Zwirner.* New York: Robert Appleton Company, 1912, pp. 118-119.

[323] Nótese que el sujeto y contenido de todas sus estrofas es Cristo («se despojó», «se humilló», «Dios lo exaltó», «para que todos se doblen ante Él y le confiesen», etcétera), pero el fin último de toda alabanza es: «para gloria de Dios Padre» (vs. 11).

Enfatizamos que el interés en estas propuestas no es desarrollar un ritual vacío, hueco, sistemático o repetitivo. No se trata de pronunciar con nuestra boca un formulismo litúrgico aséptico, sino más bien de interiorizar y abrazar una verdad mucho más profunda y trascendente; a saber, la correcta dimensión trinitaria del culto cristiano —aquélla que Dios nos ha revelado—. Y al hacerlo, seremos beneficiados.

CONCLUSIÓN

Una de las mayores preocupaciones que suscitaba este trabajo fue la diferencia abismal que existe entre la praxis cúltica primitiva y la contemporánea. A lo largo de nuestras reflexiones histórico-teológicas hemos comprobado que los dogmas trinitarios han sido tentados a racionalizar el culto cristiano, expresando una praxis y terminología que estaba lejos de hacer justicia con los escritos neotestamentarios — los cuales, debieran ser la base de toda nuestra teología y liturgia —.

Hemos verificado que el incipiente movimiento cristiano nació en el seno de un judaísmo estrictamente monoteísta, lo que marcó la liturgia cristiana, teniendo como principal foco del culto a Dios Padre. Además, el lenguaje novotestamentario expone una clara diferencia entre las Personas Divinas, por lo que sería un error eludir tal contraste en nuestras liturgias actuales. Indudablemente, existe una gran diferencia entre el *kerigma* y la teología. Mientras el *kerigma* proclama la revelación de Dios, la teología intenta racionalizar o humanizar el *kerigma*. Estimamos, por tanto, que lo más prudente es hacer un alto y reflexionar sobre las sendas antiguas. Debemos repensar el *kerigma* y atenernos a él, permitiendo que éste sea la base y fundamento de nuestra liturgia y nuestra fe. Lo contrario haría que apoyáramos nuestra fe y culto cristiano en la ulterior y cambiante teología, llevándonos a perder la auténtica esencia de la dimensión trinitaria del culto.

Sin duda, el ejemplo de Jesucristo en cuanto a la adoración debe ser nuestra guía.[324] Como constatamos, Jesús

---

[324] «Y si la adoración es clave en nuestra vida, nuestro ejemplo tiene que venir directamente de la manifestación visible de Dios en la tierra, su Hijo

siempre dirigió su adoración al Padre y nos aleccionó a hacer lo mismo. Sin embargo, descubrimos en su Persona una novedosa forma de culto, en la que a través de él se nos abre un camino al Padre, de modo que, en la potencia del Espíritu, es posible a nosotros alcanzarlo.

En nuestro análisis del culto cristiano hemos tratado de interactuar, críticamente, con el pensamiento de los más influyentes y reputados expertos teólogos y exégetas.

Debido a las limitaciones de este estudio, nos ha sido imposible un desarrollo más extenso de las críticas y justificaciones argumentativas.[325] A pesar de ello, hemos aclarado que Jesús sí fue objeto de culto en la iglesia primitiva — mediante oraciones, himnos, doxologías, etcétera —, y en un contexto judeo-cristiano temprano —como las pruebas cronológicas y demográficas avalan —.

Por esto, el culto a Jesús no fue el fruto de la tardía influencia politeísta gentil y pagana, puesto que las fuentes cristianas más antiguas ponen de manifiesto que los primeros seguidores de Jesús —ya fueran judeo-cristianos, ya gentiles— debían atenerse al estricto monoteísmo judío, al que nunca renunciaron. La exégesis bíblica y los análisis lingüísticos nos permitieron entender que el culto a Jesús —reflejado en las oraciones, doxologías, etcétera— es totalmente legítimo. Con todo, reconocemos que el fin último de toda devoción a Cristo resucitado es la gloria de Dios Padre.

Al desarrollar el examen del culto al Espíritu Santo comprobamos que es inadecuado e inviable tratar de defender la

---

Unigénito» (FERNÁNDEZ GARRIDO, Jaime y Daniel DEAN HOLLINGSWORTH. *Cara a cara. Viviendo con todo nuestro ser en la presencia de Dios.* Tarragona: Ediciones Noufront, 2011, p. 77).

[325] Con todo, no dejamos de aportar una interesante bibliografía de consulta que puede verse a lo largo del punto *El Culto a Cristo.*

adoración análoga del Espíritu a la del Padre o del Hijo. Los resultados del escrutinio de la historia del pensamiento cristiano preniceno sobre el culto ha resultado ser, igualmente, negativo. Es peligroso e inseguro defender la legitimidad de la adoración al Espíritu en base a algún testimonio aislado. Además, en última instancia, nuestra praxis litúrgica debe descansar, únicamente, en las Escrituras y no en el movedizo y mutable pensamiento humano.

Deducimos, pues, que las ulteriores fórmulas del culto trinitario análogo no son más que la deplorable consecuencia de la persistente lucha contra el arrianismo y todos los sistemas teológicos que devaluaban a la Trinidad.[326] A veces, la orgullosa «ortodoxia» es dogmática en lugares donde las Escrituras guardan silencio y hemos de arrepentirnos de pensar así.

La exégesis de Filipenses 3:3, así como el análisis de la expresión «en el Espíritu», nos persuadieron sobre la ilegitimidad de la adoración al Espíritu Santo. Sin embargo, entendimos que a pesar de aseverar la divinidad del Espíritu, la función de éste no es ser glorificado, sino de dar toda gloria a Jesús (Juan 16:14) y, éste, al Padre. No obstante, los escritos neotestamentarios arrojan mucha luz sobre la función del Espíritu en la dimensión trinitaria del culto cristiano. Éste, es la Potencia *en* quien se nos hace posible la verdadera adoración. Nos permite entender a Jesús como un hermano de dolores que nos guía en el misterio de la Trinidad —y como en un peregrinaje— hacia el Padre y que nos

---

[326] Esta es la línea de J. A. Jungmann, que es interesantemente expuesta por Xabier Basurco (Cf. BASURCO, Xabier. *Historia de la Liturgia*. Barcelona: Centre de Pastoral Litúrgica, 2006, pp. 165-166).

constituye, en él, como hijos de Dios.[327] Por tanto, el motivo del silencio cúltico al Espíritu Santo de la iglesia primitiva no sería la falta de desarrollo o carencias de la pneumatología en aquel tiempo, sino el verdadero y correcto entendimiento de la dimensión trinitaria del culto cristiano que nosotros debemos recuperar.

Y como el fin de toda esta investigación no era la simple formulación teórica, hemos tratado de aportar unas sugerencias prácticas y pastorales para la iglesia actual. La oración, por tanto, debe ajustarse a lo que nos ha sido revelado en el *Kerigma*. Asimismo, presentábamos la urgencia de renovar nuestras alabanzas, las cuales deben estar centradas —en cuanto a su contenido— en Cristo asumiendo el cometido de dar toda gloria a Dios Padre (nunca al Espíritu Santo). A la sazón, pues, debemos buscar la comunión con Dios Padre, por medio de Cristo, en el Espíritu Santo. «La vida cristiana es esencialmente experiencia trinitaria; la cual "constituye el entramado, base y meta del vivir de los creyentes: ser en el Espíritu, arraigarse en Cristo, tender hacia el Padre" en cuanto hijos en el Hijo y, en él, hermanos los unos de los otros».[328]

Entonces, y sólo entonces, adoraremos como debe ser adorado. Ofreceremos culto a Dios tal y como él desea y como nos lo ha revelado. Restableceremos la perspectiva novotestamentaria; la que un día se fue perdiendo y anhelábamos fuera recuperada. De esta manera, disfrutaremos aun más de la verdadera filiación con el Dios Trino. Un trabajo no fácil, pues requiere valentía y esfuerzo, que exige de nosotros la ardua faena de despojarnos de aquello a lo que ya estábamos

---

[327] Véase: CIOLA, Nicola. *Cristología y Trinidad*. Salamanca: Secretariado Trinitario, 2005, pp. 77-104.
[328] PIKAZA y SILANES. *Diccionario teológico*, p. 986.

acostumbrados y con lo que nos sentíamos cómodos. ¡Ojalá todos estuviesen dispuestos a pagar el precio, pues no debemos escatimar el buscar agradar a Dios!

BIBLIOGRAFÍA

ABÓS SANTABÁRBARA, Ángel Luis. *La Historia que nos Enseñaron (1937-1975)*. Madrid: Foca, Ediciones y Distribuciones Generales, S.L., 2003.

ALVAR, Jaime; et al. *Cristianismo primitivo y religiones mistéricas*. Madrid: Ediciones Cátedra, 1995.

AMAT, Félix. *Tratado de la Iglesia de Jesucristo, ó Historia Eclesiástica*. Tomo Séptimo (2ª Edición). Madrid: Imprenta de Don Benito García y compañía, 1806.

ARIAS, Luis. *Obras de San Agustín en Edición Bilingüe*. Tomo V. *Tratado sobre la Santísima Trinidad* (Segunda Edición). Madrid: Biblioteca de Autores Cristianos (Editorial Católica), 1956.

BALZ, Horst y SCHNEIDER, Gerhard. *Diccionario exegético del Nuevo Testamento*. Tomo I. Salamanca: Ediciones Sígueme, 1998.

_____. *Diccionario exegético del Nuevo Testamento*. Tomo II. Salamanca: Ediciones Sígueme, 1996.

BARRET, Ch. K. *El Evangelio Según San Juan*. Madrid: Ediciones Cristiandad, 2003.

BASURCO, Xabier. *Historia de la Liturgia*. Barcelona: Centre de Pastoral Litúrgica, 2006.

BAUCKHAM, Richard. Jesus and the God of Israel: God Crucified and Other Studies on the New Testament's Christology of Divine Identity. Grand Rapids, Michigan.: Eerdmans, 2009.

_____. *Monoteísmo y cristología en el Nuevo Testamento*. Barcelona: Editorial CLIE, 2003.

BERKHOF, Luis. *Teología sistemática*. Jenison, Míchigan: T.E.L.L., 1988.

BEYER, Hartmut. *Carta a los Gálatas. Notas Exegéticas*. Las Palmas de Gran Canaria: Editorial Mundo Bíblico, 2009.

BEZANÇON, Jean-Noël. Dios no es un ser solitario. La Trinidad en la vida de los cristianos. Salamanca: Secretariado Trinitario, 2001.

BLANK, Josef. *El evangelio según San Juan*. Barcelona: Editorial Herder, 1984.

BOUSSET, Wilhelm. *Kyrios Christos: Geschichte des Christentums bis Irenaeus*. Göttingen: Vandenhoeck & Ruprecht, 1913.

BROWN, Raymond E. *El Evangelio según San Juan. I-XII*. Madrid: Ediciones Cristiandad, 1999.

BROWN, Raymond E.; FITZMAYER, Joseph A. y MURPHY, Roland E. *Comentario bíblico San Jerónimo*. Tomo III. *Nuevo Testamento I*. Madrid: Ediciones Cristiandad, 1972.

_____. *Comentario bíblico «San Jerónimo»*, Tomo IV. Madrid: Ediciones Cristiandad, 1972.

_____. *Comentario bíblico «San Jerónimo»*. Tomo V. Madrid: Ediciones Cristiandad, 1972.

BULTMANN, Rudolf. *Teología del Nuevo Testamento*. Salamanca: Ediciones Sígueme, 1981.

BUNYAN, John. *Cómo Orar en el Espíritu*. Grand Rapids, Michigan: Editorial Portavoz, 2003.

BURDETTE, Dallas R. *Biblical Preaching and Teaching: Jesus and Our Privileges*. Volume 1. United Longwood, Florida: Xulon Press, 2009.

CARBALLOSA, Evis L. *Mateo: La revelación de la realeza de Cristo*. Grand Rapids, Michigan: Editorial Portavoz, 2007.

CASEY, Maurice. *From Jewish Prophet to Gentile God: The Origins and Development of New Testament Christology*. Cambridge, England; Louisville, Ky.: J. Clarke & Co.; Westminster/J. Knox Press, 1991.

CIOLA, Nicola. *Cristología y Trinidad*. Salamanca: Secretariado Trinitario, 2005.

CLARK, Stanley; Ernesto HUMENIUK y Gustavo SÁNCHEZ GUTIÉRREZ. *Comentario bíblico Mundo Hispano: Romanos*. El Paso, TX.: Editorial Mundo Hispano, 2006.

CULLMANN, Oscar. *Cristología del Nuevo Testamento*. Salamanca: Ediciones Sígueme, 1998.

DICKASON, C. Fred. *Los Ángeles: escogidos y malignos*. Grand Rapids, Michigan: Editorial Portavoz, 1995.

DIGBY MOULE, Charles Francis. *El nacimiento del Nuevo Testamento*. Estella, Navarra: Editorial Verbo Divino, 1974.

DUNN, James D. G. ¿Dieron culto a Jesús los primeros cristianos? Los testimonios del Nuevo Testamento. Estella, Navarra: Editorial Verbo Divino, 2011.

ECHÁNOVE, Juan. *Ecos del desierto. El origen histórico del monoteísmo*. Filipinas: Central Books Supply, 2008.

ESKOLA, Timo. Messiah and the Throne: Jewish Merkabah Mysticism and Early Christian Exaltation Discourse. Tübigen: Mohr Siebeck, 2001.

FERNÁNDEZ GARRIDO, Jaime y HOLINGSWORTH, Daniel. *Cara a cara. Viviendo con todo nuestro ser en la presencia de Dios*. Tarragona: Ediciones Noufront, 2011.

FÉRNANDEZ JIMENEZ, Francisco María. El Comentario sobre el Apocalipsis de Ecumenio en la Controversia Cristológica del VI en Bizancio. Toledo: Instituto Teológico San Idelfonso, 2013.

FITZMYER, Joseph A. First Corinthians. *A New Translation with Introduction and Commentary*. New Haven; London: Yale University Press, 2008.

FRIES, Heinrich. *Conceptos Fundamentales de la Teología I. Adan-Mediador* (2ª Edición). Madrid: Ediciones Cristiandad, 1979.

GALOT, Jean. Nuestro Padre, que es amor. Manual de teología sobre Dios Padre. Salamanca: Secretariado Trinitario, 2005.

GARCÍA-VIANA, Luis Fernando. *El cuarto evangelio. Historia, teología y relato*. Madrid: San Pablo, 1997.

GARRIDO, Juan José. *El Pensamiento de los Padres de la Iglesia*. Madrid: Ediciones Akal, 1977.

GONZÁLEZ DE CARDEDAL, Olegario. *Fundamentos de cristología I. El camino*. Madrid: Biblioteca de Autores Cristianos, 2005.

GONZÁLEZ FAUS, José Ignacio. *La humanidad nueva. Ensayo de cristología*. Volumen I (9ª Edición). Bilbao: Editorial Sal Terrae, 1984.

GONZÁLEZ, Justo L. *Historia del Pensamiento Cristiano*. Barcelona: Editorial CLIE, 2010.

GREEN, Joel B. y Max TURNER. *Jesus of Nazareth: Lord and Christ : Essays on the Historical Jesus and New Testament Christology*. Grand Rapids, Michigan; Carlisle, UK: W.B. Eerdmans & Paternoster Press, 1994.

GRUDEM, Wayne. *Teología Sistemática*. Miami, Florida: Editorial Vida, 2007.

H. MAYFIELD, Joseph y EARLE, Ralph. *Comentario bíblico Beacon*. Tomo VII. Kansas City: Casa Nazarena de Publicaciones, 1965.

HEIMANN, Claus; MÜHLEN, H. *Experiencia y teología del Espíritu Santo*. Salamanca: Secretariado Trinitario, 1978.

HENGEL, Martin. Between Jesus and Paul: Studies in the earliest history of Christianity. Philadelphia: Fortress Press, 1983.

HERBERMANN, Charles George; et al. *The catolic encyclopedia, Volume 8: Infamy-Lapparent*. New York: Robert Appleton Company, 1910.

_____. *The catholic enciclopedia*, Volume 15: *Tournely-Zwirner*. New York: Robert Appleton Company, 1912.

HORBURY, Richard William. *Jewish messianism and the cult of Christ*. London: SCM Press, 1998.

HURTADO, Larry W. Señor Jesucristo. La devoción a Jesús en el cristianismo primitivo. Salamanca: Ediciones Sígueme, 2008.

_____. *¿Cómo llegó Jesús a ser Dios?* Salamanca: Ediciones Sígueme, 2013.

JAMIESON, Roberto; FAUSSET, A. R; BROWN, David. *Comentario exegético y explicativo de la Biblia.* Tomo II: *El Nuevo Testamento.* El Paso, Texas: Casa Bautista de Publicaciones, 2002.

JUAN PABLO II. Creo en el Espíritu Santo. Catequesis sobre el Credo (III). Madrid: Ediciones Palabra, 2003.

JUNGMANN, Josef Andreas. *Breve historia de la misa* (Cuadernos Phase 157). Barcelona: Centre de Pastoral Litúrgica, 2006.

_____. *The Place of Christ in Liturgical Prayer.* Collegeville, Minnesota: Liturgical Press, 1989.

KASPER, Walter. *El Dios de Jesucristo.* Salamanca: Ediciones Sígueme, 2005.

_____. *Jesús, el Cristo* (Segunda Edición). Salamanca: Ediciones Sígueme, 1978.

KISTEMAKER, Simon J. *Comentario al Nuevo Testamento: Exposición de la epístola de Hebreos.* Grand Rapids, Michigan: Libros Desafío, 1991.

_____. Comentario al Nuevo Testamento: Exposición de las epístolas de Pedro y de la epístola de Judas. Grand Rapids, Michigan: Libros Desafío, 1994.

KITTEL, Gerhard; FRIEDRICH, Gerhard; BROMILEY, Geoffrey W. *Compendio del diccionario teológico del Nuevo Testamento.* Grand Rapids, Michigan: Libro Desafío, 2002.

KLAUCK, Hans-Josef. *Los Hechos apócrifos de los Apóstoles: Una introducción.* Santander: Editorial Sal Terrae, 2008.

KÜEN, Alfred. *El culto en la Biblia y en la historia.* Barcelona: Editorial CLIE, 1994.

_____. *Renovar el culto.* Terrassa, Barcelona: Editorial CLIE, 1996.

KÜNG, Hans. Credo. El símbolo de los apóstoles explicado al hombre moderno. Madrid: Editorial Trotta, 1994.

_____. *El cristianismo: esencia e historia*. Madrid: Editorial Trotta, 1997.

La Didajé. *La Tradición Apostólica* (Cuadernos Phase 75). Barcelona: Centre de Pastoral Litúrgica, 2004.

LACUEVA, Francisco. *La persona y la obra de Jesucristo*. Terrassa, Barcelona: Editorial CLIE, 1989.

_____. *Diccionario teológico ilustrado*. Terrassa, Barcelona: Editorial CLIE, 2001.

LADARIA, Luis F. *El Dios vivo y verdadero. El misterio de la Trinidad*. Salamanca: Secretariado Trinitario, 2010.

LADD, George Eldon. *Teología del Nuevo Testamento*. Terrassa, Barcelona: Editorial CLIE, 2002.

LÉON-DUFOUR, Xabier. *Lectura del evangelio de Juan. Jn 5-12*. Tomo II. Salamanca: Ediciones Sígueme, 1995.

LIGHTFOOT, J. B. *Los Padres Apostólicos*. Terrassa, Barcelona: Editorial CLIE, 1990.

LOARTE, José Antonio. El tesoro de los Padres. Selección de textos de los Santos Padres para el cristianismo del tercer milenio. Madrid: Ediciones Rialp, 1998.

LOBO MÉNDEZ, Gonzalo. *Dios Uno y Trino: Manual de iniciación*. Madrid: Ediciones Rialp, 2002.

LÓPEZ MARTÍN, Julián. «*En el Espíritu y la Verdad*». *Introducción Teológica a la Liturgia* (2ª Edición ampliada). Salamanca: Secretariado Trinitario, 1987.

MACARTHUR, John. *Nuestro extraordinario Dios*. Grand Rapids, Michigan: Editorial Portavoz, 2005.

_____. *Sola Scriptura. The Protestant Position on the Bible*. Lake Mary, Florida: Reformation Trust, 2009.

_____. *El ministerio pastoral*. Barcelona: Editorial CLIE, 2005.

MATEO SECO, Lucas Francisco. *Teología trinitaria. Dios Espíritu Santo*. Madrid: Ediciones Rialp, 2005.

MATEOS, Juan y BARRETO, Juan. *El evangelio de Juan. Análisis lingüístico y comentario exegético* (Tercera Edición). Madrid: Ediciones Cristiandad, 1992.

MORRIS, Leon. *El Evangelio según San Juan,* Vol. I. Barcelona: Editorial CLIE, 2005.

_____. Jesús es el Cristo. Estudios sobre la teología de Juan. Barcelona: Editorial CLIE, 2003.

NELSON, Wilton M, ed. *Diccionario ilustrado de la Biblia*. Nashville, TN-Miami: Grupo Nelson/Caribe, 1977.

ORÍGENES y Fernando MENDOZA (trad.). *Tratado sobre la oración*. Madrid: Ediciones Rialp, 1994.

PACKER, J. I. Keep in the step with the Spirit. Finding fullness in our walk whit God. Grand Rapids, Michigan: Baker Books, 2005.

PANNENBERG, Wolfhart. *Teología Sistemática.* Vol. I. Madrid: UPCO, 1992.

PARED, Pedro C. *El plan de Dios en las profecías*. Bloomington, Indiana: West Bow Press, 2011.

PÉREZ MILLOS, Samuel. *Comentario exegético al texto griego del Nuevo Testamento. Hebreos.* Viladecavalls, Barcelona: Editorial CLIE, 2009.

_____. *Curso de exégesis bíblica y bosquejos para predicadores.* Volumen 13. *I Corintios.* Terrassa, Barcelona: Editorial CLIE, 1997.

PETERSON, DAVID. En la presencia de Dios. Una teología bíblica de la adoración. Barcelona: Publicaciones Andamio, 2003.

PHILLIPS, Ron. *Misterios inexplicables del cielo y la tierra*. Lake Mary, Florida: Charisma Media, 2013.

PIFARRÉ, Cebrià. *Arnobio el Joven y la cristologia del «Conflictus».* Montserrat: Publicacions de l'Abadia de Montserrat, 1988.

PIKAZA, Xabier y SILANES, Nereo. *Diccionario teológico. El Dios cristiano*. Salamanca: Secretariado Trinitario, 1992.

PIKAZA, Xabier. Dios como espíritu y persona. Razón humana y misterio trinitario. Salamanca: Secretariado Trinitario, 1989.

_____. Enquiridion Trinitatis. Textos básicos sobre el Dios de los cristianos. Salamanca: Secretariado Trinitario, 2005.

PIÑERO, Antonio. Los cristianismos derrotados. ¿Cuál fue el pensamiento de los primeros cristianos heréticos y heterodoxos? Madrid: Editorial EDAF, 2007.

_____. Todos los Evangelios. Traducción íntegra de las lenguas originales de todos los textos evangélicos conocidos. Madrid: Editorial Edaf, 2009.

PIPER, John. *Lo que Jesús exige del mundo*. Grand Rapids, Michigan: Editorial Portavoz, 2007.

_____. Sed de Dios: meditaciones de un hedonista cristiano. Barcelona: Andamio, 2001.

QUASTEN, Johannes. *Patrología II. La edad de oro de la literatura patrística griega* (Tercera Edición). Madrid: Biblioteca de Autores Cristianos, 1977.

QUEZADA DEL RÍO, Javier. *Los hechos de Dios: ¿qué es la Biblia?: por qué y cómo leerla* (2ª Edición). México: Universidad Iberoamericana, 2007.

RAHNER, Karl. *Escritos de teología I*. Madrid: Taurus Ediciones, 1967.

RÄISÄNEN, Heikki. *El nacimiento de las creencias cristianas*. Salamanca: Ediciones Sígueme, 2011.

RICO PAVÉS, José. Los sacramentos de la iniciación cristiana: Introducción teológica a los sacramentos del bautismo, confirmación y eucaristía. Toledo: Instituto Teológico San Ildefonso, 2006.

ROBERTSON, A. T. *Comentario al texto griego del Nuevo Testamento* (Obra Completa). Terrassa, Barcelona: Editorial CLIE, 2003.

ROPERO BERZOSA, Alfonso (ed.) *Gran diccionario enciclopédico de la Biblia*. Viladecavalls, Barcelona: Editorial CLIE, 2013.

_____. *Lo mejor de Justino Mártir*. Terrassa, Barcelona: Editorial CLIE, 2004.

ROVIRA BELLOSO, Josep Mª. *Dios, el Padre*. Salamanca: Secretariado Trinitario, 1999.

RUIZ BUENO, Daniel. *Padres apostólicos*. Edición bilingüe completa. Madrid: Biblioteca de Autores Cristianos, 1979.

RUSCH, William G. *The Trinitarian Controversy*. Philadelphia: Fortress Press, 1980.

SCHNACKENBURG, Rudolf. *El Evangelio según San Juan*. Tomo I. Barcelona: Editorial Herder, 1980.

SCHÜTZ, Christian. *Introducción a la Pneumatología*. Salamanca: Secretariado Trinitario, 1991.

SESBOÜE, Bernard y Joseph WOLINSKI. *Historia de los dogmas*. Vol. I: *El Dios de la salvación*. Salamanca: Secretariado Trinitario, 2004.

TAMEZ, Elsa e Irene FOULKES. *Diccionario conciso griego-español del Nuevo Testamento*. Stuttgart: Sociedades Bíblicas Unidas, 1978.

THIELMAN, Frank. Teología del Nuevo Testamento: Síntesis del Canon del Nuevo Testamento. Miami, Florida: Editorial Vida, 2006.

TRENCHARD, Ernesto. *Exposición de la epístola a los Hebreos* (Tercera edición). Madrid: Editorial Literatura Bíblica, 1974.

UNGER, Merrill F. *Manual bíblico de Unger*. Grand Rapids, Michigan: Editorial Portavoz, 1985.

VERGÉS, Salvador. *Imagen del Espíritu de Jesús*. Salamanca: Secretariado Trinitario, 1977.

VIDAL, Cesar. Los primeros cristianos. Los judeo-cristianos en el Israel del siglo I. Barcelona: Editorial Planeta Testimonio, 2009.

VINE, W. E. Diccionario expositivo de palabras del Antiguo y Nuevo Testamento exhaustivo de Vine. Nashville, Tennessee: Grupo Nelson, Inc., 2007.

_____. *Diccionario expositivo de palabras del Nuevo Testamento*. Terrassa, Barcelona: Editorial CLIE, 1989.

VON RAD, Gerhard. Teología en el Antiguo Testamento. I. Las tradiciones históricas de Israel. Salamanca: Ediciones Sígueme, 1993.

VOS, Howard F. *Gálatas. Una llamada a la libertad cristiana*. Grand Rapids, Michigan: Publicaciones Portavoz Evangelio, 1981.

WAINWRIGHT, Arthur W. *La Trinidad en el Nuevo Testamento*. Salamanca: Secretariado Trinitario, 1976.

WIKENHAUSER, Alfred. *El evangelio según San Juan*. Barcelona: Editorial Herder, 1967.

WILLMINGTON, Harold L. *Compendio manual Portavoz*. Grand Rapids, Michigan: Editorial Portavoz, 2001.

WRIGHT, N. T. El verdadero pensamiento de Pablo. Ensayo sobre la teología paulina. Barcelona: Editorial CLIE, 2002.

ZEVINI, Giorgio. *Evangelio según San Juan*. Salamanca: Ediciones Sígueme, 1995.

PUBLICACIONES EN SERIE

HURTADO, L. W. "Pre-70 C.E. Jewish Opposition to Christ-Devotion". *The Journal of Theological Studies 50*, 1999, n° 1.

RECURSOS ELECTRÓNICOS

- Biblioteca en línea Watchtower. De la revista *¡Despertad!*, del 8 de abril del año 2000. Disponible en Web: http://wol.jw.org/es/wol/d/r4/lp-s/102000250 [Consulta: 30/11/2014].
- University of Münster Institute for New Testament Textual Research. Transcripción de manuscritos del Nuevo Testamento. © 2003-2012 INTF. Disponible en Web: http://nttranscripts.uni-muenster.de/AnaServer?NTtranscripts+0+start.anv [Consulta: 25/11/2014].
- Códex Sinaiticus. Proporcionado por la Biblioteca Británica, la Biblioteca de la Universidad de Leipzig, la Biblioteca Nacional de Rusia y el monasterio de Santa Catalina del Monte Sinaí. Disponible en Web: http://www.codexsinaiticus.org/de/manuscript.aspx?book=42&chapter=3&lid=de&side=r&verse=3&zoomSlider=0 [Consulta: 30/11/2014].